エラスムス『格言選集』

エラスムス『格言選集』

金子晴勇 編訳

知泉書館

はじめに

　ヨーロッパ人の生活の中には古典の叡智が格言というかたちで活かされている。格言は英語でマクシムとも言われているが，この語はラテン語の「もっとも重要なもの」に由来する。それゆえ格言は「もっとも重要な生き方」を暗示しており，使われる国々や各人の文化的特徴をよく表わしている。

　格言を収集した作品が 16 世紀ルネサンス時代に多く出版された。その最大の規模のものはヒューマニズムの王者と言われるエラスムスの『格言集』(Adagia) である。この書は 1500 年に初版が出たが，版を重ねるごとに分厚くなり，最終版では 4151 個の格言が収録された[1]。

　当時の人びとはこのような格言を口にすることによってギリシア・ローマの古典および聖書の神髄を身につけることができると信じた。そのため大変よく読まれたようである。この作品ではギリシア語とラテン語という古典語の格言があげられているだけでなく，エラスムスはヒューマニストらしく多数の文献を渉猟しながら，それぞれの格言がどのような意味で用いられてきたかを説明し，なかにはとても詳細な解説を加えて紹介したものもある。そのなかでも解説が最も長く，彼の平和論が扱われているものに「戦争は体験しない者に快い」がある。また次に長いものには「アルキビアデスの

---
[1]　わたし自身はその最終版に属する 1617 年にハノーバーで出版された版を所有している。それはとても古くなっていても出版されたときは子牛革製の美装本であった。

はじめに

シレノス像」という格言があって，これはプラトンの『饗宴』から取材した将軍アルキビアデスの言葉で，外見は野獣面のシレノス神のように醜いが，その心は黄金の神像であるという，人間の内面と外面との矛盾を示す修辞学的な表現なのである。これがエラスムスの手法として『痴愚神礼賛』で使われているから，とても重要である。それに劣らず有名なのは「ゆっくり急げ」(festina lente) という格言であって，もっとも人口に膾炙されたものと言えよう。これにはエラスムスの解説によると三つの解釈があるが，たとえばケーベル博士（明治26年来日し東大で哲学を講じた）の随筆集にはこの格言がよく使われており，彼はつねにこの訓言を日本の学生に座右の銘として与えていた。

ここでは，第二版に付けた「序言」からエラスムスがこの『格言集』を執筆するに至った事情と，彼の格言についての考えを紹介しておきたい。

エラスムスは1498年11月にはモンジョイ侯，ウィリアム・ブラウント（1478-1534）の家庭教師を務めるようになっていた。この人はイギリスへの帰国に際し，エラスムスを自らの随行員として連れて行った。この最初の短いイングランド滞在中にモンジョイ侯との会話の折りにエラスムスは『格言集』を初めて考案するようになった。最初の版は，1500年パリにおいて，モンジョイ侯にこの作品を献じる旨の前置きの手紙を付して出版された。これは『格言選集』と呼ばれ，ギリシア語（ラテン訳の付いた）とラテン語の818にもなる格言を収めていた。わずかに152頁のこの作品は時の経過とともに版を重ね，その内容は豊かなものとなった。この作品には彼の人文学の成果が盛り込まれたので，彼の人文学における中心的な作品となった。それは『校訂新約聖書』

はじめに

が当時のキリスト教世界に与えたのと同じくらい大きな影響を発揮するようになった。

　モンジョイ侯に献じた手紙の中で述べられたことによると，エラスムスが発熱のために休まざるをえなくなって，「古典文学作品から成る庭園を散歩しながら，そうした軽い研究に心を奪われ，あたかもさまざまな色合いの小さな花を摘んで花輪を作り上げるかのように，最も古くからあった有名な格言をありったけつみあげた」ときに格言が一冊の本となった。その広告文には「デジデリウス・エラスムス・ロッテルダムスによって編まれた，古くて，最も有名な格言の選集，あらゆる話や文章に美しさと非凡さをつけ加えるのに効果てきめんで，その上新しい作品」と宣伝されている[2]。この著作は格言と，それに詳しい解説が付けられた部分からなり，ここから人々が好んで引用したり，あるいは盗作することによって多くの業績が花開くようになった。1508年にこの作品は，収録数が3260にもなり，有名なヴェネツィアのアルドゥスによって『格言集』（増補版）の美装本として出版され，ヨーロッパ中の人文主義者たちが見習う作品となった。さらに1515年のフローベン版になると収録された格言が古代世界でどのように理解され，使用されたかの解説が付けられるに及んで，いっそう大きな作品となっていった。この作業は1536年版に至るまで続けられ，その間に六版も改訂がなされ，エラスムスが亡くなる年には格言の数は4151にも達していた。

　エラスムスは『格言集』の「序文」を「格言とは何か」と

　2）　エラスムスとモンジョイ侯との関係についてはマッコニカ『エラスムス』高柳・河口訳，教文館，54-56頁参照。

いう小見出しで始めている。最初に「格言とは，諸々の事柄やその時代を反映した発言である」というラテン語の文法家ドナートゥスの説を引用してから，続けて彼はディオメデスに言及する。それによると「格言とは，諸々の事柄やその時代に適用された一般的によく言われていることを述べているが，その際，そこで言われていることとは何か別の事が意味されている」[3]。それゆえ，格言には字義的な意味とともに比喩的表現をとった何か隠喩的な変装が盛り込まれ，日常生活に有益となる金言的にして教訓的な内容を含んでいる。そこでエラスムスは言う，「大部分の格言には，ある種の隠喩的な変装が施されていることをわたしは否定しようとは思わない。そして最高の格言というものは，転義的な文飾で楽しませるのと同じく，見解の有益さで役立つものであるとわたしは告白する」[4]と。こうして彼は格言を次のように定義する。「格言とは一般に民衆の間で使われている言表であって，鋭くも奇抜な〔意味の〕転換のゆえに注目すべきものである」[5]と。したがって格言にはそれが直接意味していることを超えた何者かが暗示されているがゆえに，格言にはどことなく超自然的な力が秘められる。それゆえアリストテレスやプラトンから，プルタルコスやさまざまな詩人たちを経て，キリストに至る古代の偉人たちによって大いに尊重されてきたかが強調され，古代の人々の示した知恵と民族の経験がそこに保存されている点が力説される。この格言がもつシンボルには古代人のすべての哲学が含まれており，昔はとても尊重されたので，人々に由来するよりも天から降ってきたように思わ

---

3) Opera Omnia Desiderii Erasmi Roterodami, II-1, 45,5-7.
4) Erasmus, op. cit., 46, 39-40.
5) Erasmus, op. cit., 46, 44-45.

はじめに

れた。たとえばユウェナリスは,『汝自身を知れ』という言い習わしは天空から降ってきたと言っている。このような格言のもつ知恵についてエラスムスは「アリストテレスは,格言とは人類の歴史における災害によって滅びた最古の哲学の名残りである,と考えていた」というシュネシオス（370 – 413）の意見を参照し,格言は綿密に,深く,掘りさげて考察すべきであると言う。「なぜなら,その根底には,後の哲学者たちよりも真理を探求する点で,はるかに明敏で,洞察された,古代の人々の哲学の輝きというべきものがあるから。またプルタルコスも,『詩学の学び方』と呼ばれるエッセイで古代人の格言は,とても重要で,神聖でさえある事柄が,ささいな,しかもほとんど滑稽な性質の儀式の中で表現される,宗教的な祭儀によく似ていると考える」[6]。そして格言は,それ自体簡潔ではあるが,哲学の大家たちが何巻にも及ぶ大著の中で主張しているようなことを比喩を用いてさらっと仄めかすと言う。またそこには古典文学の知恵とキリスト教の教えが一致するというエラスムスに特有の願望が『格言集』全編から感じとられる。この点は格言集の冒頭を飾る「友人たちのものは,すべて共有である」という格言の解説を見ても明らかに感じ取れる。この格言はピュタゴラスに発しているけれど,キリスト教の精神をも表明しているからである。

　エラスムスの『格言集』は当時の古典復興の気運に乗じて多く賛同者を得ることになった。このように人々を導いたのは,彼が古典的な言語と明瞭な表現を愛し,古典的な文体を駆使しており,古代的人間の叡知が彼の言葉を通して再生さ

---

6) Erasmus, op. cit., 60, 278-283.

はじめに

れ，その叡智が輝き出ていたからではなかろうか。そこには精神の新しい自由，知識の新しい明瞭性・純粋性・単純性が認められ，合理的にして健康な生き方が輝き出ていた。この作品を通して語りかけている精神は，哲学的でも歴史的でもなくて，言葉のもっとも優れた意味で人文学的である。とくに彼が古代に深い共感を示したのは，生活と実践がそこに説かれているという倫理的確信からであった。このような知識によって人文学の教養が習得できると当時期待されたのも当然である。そうはいっても格言を説明した文章はほとんどが断片的であって，長い解説が付いているものほど彼のキリスト教精神を反映しており，『痴愚神礼賛』で結実する古典文化とキリスト教との調和を力説する傾向が次第に強くなってきている。

　翻訳に当たって参考にしたのはラテン語とドイツ語の対訳である『ロッテルダムのエラスムス著作集』第7巻の後半に収められている「格言選集」（Adagia Selecta）である。その他にはバーガー編『エラスムスの格言集』（トロント大学出版，2001年）を参考にして比較的親しみやすい格言とその解説を訳出した。その際，全4巻からなる格言集の中でも第1巻から多く採用し，次いで第2巻からは巻頭を飾る有名な格言「ゆっくり急げ」を訳し，第三巻からはエラスムスの方法論がよく示されている長文の「シレノスのアルキビアデス」を訳出した。第四巻には彼の格言集でもっとも有名な格言「戦争は体験しない者に快い」が収録されているが，すでに邦訳が出ているのでその簡単な要約と解説を付論として本書の終わりに追加した。さらに『格言集』と代表作『痴愚神礼賛』との関係を解説した付論IIを「『痴愚神礼賛』における格言による叙述方法」として収め，格言の意義を明らか

にした。わたしがこのように訳出したのは，これによってエラスムスの『格言集』の大略とその思想的特質を学ぶことができると考えたからである。

目　　次

はしがき …………………………………………………… v

1　友人たちのものはすべて共有である（I,i,1）…………… 3
2　人間は人間にとって神である（I,1,69）………………… 7
3　人間は人間にとって狼である（I,1,70）………………… 14
4　悪しき守護霊（I,i,72）…………………………………… 15
5　魔法の杖（I,1,97）……………………………………… 20
6　火に油を注ぐ（さらに悪化させる）（I,2,9）…………… 25
7　フクロウをアテネに持参する（余計なことをする）
　　（I,2,11）………………………………………………… 26
8　白鳥の歌（I,2,55）……………………………………… 29
9　別世界にいるように（I,2,97）………………………… 32
10　人の数だけ意見がある（I,3,7）………………………… 35
11　好もうと好まざると（手当たり次第）（I,5,45）……… 38
12　あなたは棘のある棒を蹴っている（無益な反抗をす
　　る）（I,3,46）…………………………………………… 39
13　夢でさえも……でない（I,3,62）……………………… 41
14　一片のパンのために（I,3,77）………………………… 45
15　トゥニカは外套よりも身近である（I,3,89）………… 46
16　槍の射程外に（飛び道具の届かぬ所に）（I,3,93）…… 47
17　カリュビスを避けた後，わたしはスキュッラに

xiii

目　　次

　　転落した（I,5,4）……………………………50
18　煙を避けてわたしは火中に転落した（I,5,5）………56
19　必要不可欠な悪（I,5,26）…………………………58
20　魚のように物言わない（I,5,29）…………………60
21　自分の影におびえる（I,5,65）……………………63
22　靴屋はサンダルを超えてはならない（I,6,16）……65
23　神は自らを助ける者を助ける（I,6,17）……………67
24　わたしたちを超えているものは，わたしたちには関係がない（I,6,69）…………………………………69
25　汝自身を知れ（I,6,95）……………………………70
26　何事も過度であってはならない（I,6,96）…………74
27　酒中に真実あり（I,7,17）…………………………78
28　一羽の燕が夏をもたらさい（早合点は禁物）（I,7,94）
　　………………………………………………………83
29　盲人が盲人を導く（I,8,40）………………………85
30　直ちに与える人は二倍与える（I,8,91）……………87
31　ゆっくり急げ（II,1,1）……………………………90
32　アルキビアデスのシレノス（III,3,1）……………123
33　習慣は第二の本性（IV,9,25）……………………165
34　人間の一生は寄留である（IV,9,25）……………166
35　万事を知るより好ましいものはない（V,1,42）……167

付論　I，戦争は体験しない者に快い（VI,1,1）について…168
付論　II，『痴愚神礼賛』と格言………………………173

xiv

目　　次

あとがき ……………………………………………… 179
テキストと現代語訳……………………………………… 183
エラスムス略年譜 ………………………………………… 184

エラスムス『格言選集』

1
「友人たちのものはすべて共有である」*)

Amicorum communia omnia （I, I, 1）[1]

　この格言よりも有益であり，かつ有名なものはないので，これをさい先の良い前兆と見なして諸々の格言の再調査をこれからはじめることにしたい。この格言をみんなが口にするようになって，人の心の中に定着してくるなら，わたしたちの生活はその心配事の大部分から真に解放されるであろう。

　ソクラテス[2]はこの〔上記の〕格言から良い人が神々と同じようにすべてを所有するとの結論を引き出した。彼は言う，「すべては神々のものである」と。良い人は神々の友人であり，友人たちの間では，すべてが共有である。したがって良い人たちはすべてを所有する。

　この格言はエウリピデスの『オレステス』の中で引用されている。「なぜなら，友人たちの間では，すべてが共有であるから」[3]と。同じく『フェニキヤの女たち』の中では「友

---

　*) 1500年版の格言集ではこの格言は94番となっており，ディオゲネス・ライエルティウス『ギリシア哲学者列伝』（V, 76）から加えられたギリシア語と一緒にテレンティウスから採用された。
　1) これは『格言集』の巻，章，番号を指示する。以下同様である。
　2) これは記憶違いであって，真実にはシニクス派の哲学者ディオゲネスに帰すべきである（ディオゲネス・ライエルティウス前掲書 VI, 37）。
　3) エウリピデス『オレステス』735.

3

人たちの悲しみはすべて共有される」[4]とある。

同じく『アンドロマケー』の中には「なぜなら真の友人たちの間では自分自身のものは全くないから，彼らの間ではすべては共有である」[5]とある。

テレンティウスは『アデルフィス』の中で「なぜなら確かに古い言葉に友人たちの間ではすべてが共有される，というのがある」[6]と言う。メナンドロスの同名の喜劇の中でも，それは証言されている[7]。キケロは『義務について』第1巻の中で次のように言う，「ギリシアの格言にあるように，友人たちのものはすべて共有である」[8]と。アリストテレスの〔ニコマコス〕『倫理学』第8巻とプラトンの『法律』第5巻にも引用されている[9]。プラトンはこの箇所で国家のもっとも幸福な状況が，すべての財の共有が成立することであると証明しようと試みる。「あの昔から言われている〔この諺が〕できる限り国中に行き渡って守られているところに，最善の国家，最善の国政，最善の法律がある。その諺では〈まことに友人のものは共同のもの〉と言われている」。

それは言う，「わたしのものとか，わたしのものでないもの〔＝あなたのもの〕という言葉が聞かれないとき，恵まれた幸福な共同体があるであろう」と。語られているところによると，あのプラトンの〔妻女と子どもに関する〕共有思想はキリスト教徒には驚くほど気に入られず，むしろどんな

---

4) エウリピデス『フェニキヤの女たち』243.
5) エウリピデス『アンドロマケー』376-7.
6) テレンティウスは『アデルフィス』803-4.
7) メナンドロス『断片』10.
8) キケロ『義務について』I, 16, 51.
9) アリストテレス『ニコマコス倫理学』VIII, 9, 1(1159b31); プラトン『法律』V, 10, 森進一他訳，岩波文庫，上巻306頁。

1 「友人たちのものはすべて共有である」

に多くの石が投げつけられいるかに驚かされる。とはいえキリストの見解に由来する何ものも異教徒の哲学者によってこれ以上によく表明されてはいないのである。アリストテレスは『政治学』第2巻[10]でプラトンの思想を和らげて，ある特定な人たちには所有と所有権とを授けるべきであるが，その他のすべては，それらを使用し，徳行に励み，市民団体を育成するために，この格言にしたがって共有にすべきである，と言う。

マルティアーリス[11]はその著作の第2巻でこの格言をいつも口ずさんでいたのに，友人にはともかくも何にも分け与えなかった，ある真っ正直な男〔カンディドゥス〕をからかっている。

> カンディドゥスよ，「友人たちのものでは共有である」。このすべてはあなたのものである。この格言をあなたは大言壮語して日夜口ずさんでいる。

だが短詩は次のように結論を下す。

> カンディドゥスよ，あなたは何にも与えないでおいて，友人たちのものは共有であると言っている。

プルタルコスの『友愛について』と題する小論の中で，次のようにテオフラトゥスは優雅に述べている。「友人たちのものが共有であるなら，友人たちの友人〔つまり親友〕の

---

10) アリストテレス『政治学』II, 1(12b1a2).
11) マルティアーリス『諷刺詩』II, 43, 1-2; 16.

ものはさらに共有であることがとりわけ当てはまる」[12]と。キケロは『法律について』第1巻で「友人たちのものは共有であり，友情は平等である」[13]と述べるとき，この格言をピュタゴラスに帰しているように思われる。さらにディオゲネス・ライエルティウスではティマイオスのこの表現が最初ピュタゴラスによって発せられたと言う[14]。アウルス・ゲリウスの『アッティカ夜話』第1巻9章でピュタゴラスがこの命題の産みの親であったばかりか，キリストがすべてのキリスト教徒の間で生じるように願ったのと同じような仕方で，生命と財力が共有されるように導入された，と証言する[15]。というのはピュタゴラスによってあの学派の集団に受け入れられていた者たちはすべて，彼らの所有する金銭であれ，財産であれ，その全部を，公益に投じていたからである。このことは明らかに生命と運命の共同体から言葉の完全な意味においてコエノビウス（coenobius 連合生活体）とラテン語によって呼ばれる。

---

12) テオフラトゥス『断片』75。プルタルコス『道徳論集』490E からの引用。
13) キケロ『法律について』I, 12, 34.
14) ディオゲネス・ライエルティウス『哲学者列伝』VIII, 10.
15) ゲリウス『アッティカ夜話』I, 9, 12.

2
「人間は人間にとって神である」

Homo homini deus. (I, 1, 69)

　先の格言とそれほど懸け離れていないのが「人間は人間にとって神（ダイモニオン＝神的なもの）である」という言葉である。それは突然に，また予想しないときに救いが与えられた人について，あるいは何か大きな恩恵によって助けられた人についてよく言われる。古代の人たちは，神であることが死すべき人間にとって助けになること以外の何者でもない，と考えていたからである。こうして古代の人たちは大地の産物・葡萄酒・法律の創設者から，生活の改善に何か貢献した人から神々を作ろうとした。このことはとても真実だったようで，コウノトリがアラビヤの沼沢地から一年のある時期にやって来る蛇を迎え撃ち，完全に遠ざけ，殺すと信じられていたので，エジプト人がコウノトリを拝んだように，人々はある種の畜生〔動物〕までいわば神々として拝むほどになった。ローマ人たちもまたガチョウの鳴き声が見張りの人をめざめさせ，ガリヤ人の侵入から首都の要塞を救ったために，ガチョウを神聖視した。これこそキケロが『神々の本性について』の第1巻で「結論として言えば，異国の人たちは恩恵を受けたがゆえに獣を神聖視する」[1]と書いたとき

---

1)　キケロ『神々の本性について』1, 35, 101.

彼が考えていたことである。

　キオスのプロディクスによると何らかの生命のないもの，たとえば太陽，月，水，地などは神々として考えられていた。それらには生命に導く力があるように思われたし，死すべき人間はとくにその恩恵を喜んでいるからである。ルキアヌスがその『トクサリス』でわたしたちに証言しているように，スキタイ人たちは風や剣を，前者が息をもたらし，後者が死をもたらすがゆえに，神々であるかのようにそれらに賭けて誓いを立てる。しかしキケロが言っているように，人の運・不運が大抵の場合に人から起こるのが常であり，神の所有物〔特別な性質〕は取っておかれるか，それとも正しく行われるので，深刻な危険の中からの救援に駆けつける者は，あるいは何か計り知れない恵みをもたらす人はだれでも，いわば神の役割を演じており，受益者にとって神のように立っていたと言われる。このことを支持するのは，ホメロスやヘシオドスによって通常用いられている表現，「すべてよいものを惜しみなく与える神」やストラボが彼の書物第10巻で言っていること「人間たちが神々を最大に模倣するのは，彼らが親切を行うときであるというのは正しい」である。同じ著書の第17巻で彼は言う，エジプト人のある者たちにとって神は二重に行為する，つまり万物の創造者として神は不滅であり，知られない名前の創造者として死ぬべきものである。このように彼らは恩恵をもたらしたものをたいてい神々として崇める。さらに一般的にいっても，あるいはわかりにくい絶望的な状況においても，あるいは不確かな危険にあっても保護されている人々は，ある神が彼らを保護していると言う。ホラティウスは言う，「このようにアポロンがわたしを救った」と。さらに彼は叙情詩で戦いのさ中にメルキリウ

2 「人間は人間にとって神である」

スによって救われたと言う。またファウヌスの助けによって再度樹木の崩壊から救われた，と。ユウェナーリスは次のように言うとき同じような示唆を与える。

> どなたか神様が，あるいは神に等しい人でも，
> あるいは運命の女神よりも親切に〔もしあなたに〕
> 四十万セーステルティウスをあなたに恵んでくださるとしたら……[2]

そしてウェルギリウス[3]も牧人のティーテュルスに言わせる。

> ああ，メリボエウス，この平和なひとときは神様の賜物だ。
> あのお方はわが永遠の神。だから，わたしはあの方の祭壇に，
> わたしたちの群れから小羊を引き出して，その血を何度も注ぐ。

それから彼は与えられた利益を付け加えながら，皇帝を神々の間に入れようと考える理由を説明する。

> ごらんのとおり，あの方は，わたしの牛が歩き回り，
> その主人たるわたしも好きな曲を，
> 野の葦笛で吹けるようにしてくださったのだからね。

---

[2]　ユウェナーリス『諷刺詩』5, 132-3.
[3]　ウェルギリウス『牧歌』1, 6-10.

それから彼はどうしてカエサルを神々の中に入れるかをあげ，彼によって授けられる利益を追加する。

　　彼こそわたしの牛をこのようにさ迷うままにしたお方である。
　　わたしの粗野な葦笛でもって好きなように遊ぶのをお許しになったから。

　プリニウスはその『博物誌』第2巻でこのギリシアの格言にいっそうはっきりと言及するが，少し後に魂の不滅性について彼がなしたと同じように神々について不敬虔に語り，身体の復活について愚かに語る。というのも神々の多数性について論じた後に，人間どもへの配慮を最高の神性——彼はそれを世界かある種の自然であると見なす——に帰すのを全く拒否して彼は次のように述べているから。「神であるということは，人間を通して人間を助けることである。そしてこれこそ永遠の栄光に至る道である。こうすることによってローマの偉人たちは歩んでおり，このようにしてすべての時代の最大の指導者であるウェスパニアヌス・アウグストゥスはその子らと一緒に今やこの天上的な段階を前進し，瀕死の国を援助している。これが神々に加えるに値した人たちに感謝する最古の方法であった。なぜなら他のすべての神々の名前でさえ，また太陽を超えたところに登録しておいた神々も，人間どもの功績から生まれたからである」[4]。ここまではプリニウスの言葉である。
　オウィディウスは言う。「人が人を救うのは適切な喜びで

　4）　プリニウス『博物誌』II, 18.

2 「人間は人間にとって神である」

ある。それに優る好意を求める方法はない」[5]と。プルタルコスは無教養な君主に反対して書きとどめた覚え書きで、神々はもっとも永く生きるから幸福ではなく、有徳な君主にして創始者であるから幸福である、と言う[6]。

ところでパウロは最高の徳を愛に関係させているが[7]、愛はもっとも多くの人たちに最大の善をえさせることで成り立つ。ナティアンスのグレゴリオスはこのことを『貧者への配慮について』という演説で熟考した。彼は言う、「神の憐れみを模倣することによってあなたは苦しむ人たちの神となるべきです。というのも人間にとって親切に優って神的なものに等しいものはないからです」[8]。

キリスト教徒の間では神の名称は、冗談にせよ、どのような死すべき人間にも与えてはなならない。またそのような著しく醜い追従はわたしたちの習俗に受け入れられるべきではない。そうはいってもこの格言が使われているのを目にすることが起こりうる。しかも恥知らずでも、不適切でもないようなこの格言の使用が見られよう。たとえばだれかが次のように言うかも知れない。

> 死すべき人間の誰もがわたしを助けることを欲しなかったか、それともそのように欲しても、助けることができなかったような、大きな不幸に遭ってわたしが悩んでいたとき、あなたお一人がわたしを助けに来て下さいました。それはわたしが望んでいたことを超えていました。

---

5) オウィディウス『大海から』II, 9, 39-40.
6) プルタルコス『道徳論集』781A.
7) 「コリントの信徒への手紙」第1, 13章。
8) ナティアンスのグレゴリオス『祈り』14, 26-7(MPG35.892D)

11

エラスムス『格言選集』

またあなたはその親切によって，さもなければ死んでいたわたしを救出して下さったばかりか，以前にあったよりも豊かに生きるようにして下さいました。確かにわたしたち二人の間には，もしそういうことがあるとしたら，あの古いギリシア人の〈人間は人間にとって神である〉という格言が妥当します」と。あるいは人はこのように言うであろう。「わたしは一切を，わたしの命でさえも，お手紙に負っています。わたしはまさしく手紙をあなたに負っています。あなたは寛大にもわたしのために閑暇を提供し，わたしを励ましておられます。このことは昔のギリシア人たちが〈人間は人間にとって神である〉と言っていることでないとしたら，何なのですか」と。あるいは次のようにです。「平凡な親切で援助することは確かにその人が友人であることを証明します。しかし今にも消えゆく生命をその技能と見事な配慮と熱心さでもって維持し，とりわけ医者がするように回復させることは，ギリシア人たちが〈人間は人間にとって神である〉と言うこと以外の何であろうか」と。さらに「事態は〔健康の女神〕サルースでさえも助けることができないほどの危機に移されていた[9]。そのときあなたはある神性が現臨するかのようにわたしを訪ねて下さり，驚くべき速さでわたしの災難を追い払って，わたしが期待したり望んだりしていないのに，元の状態に引き戻して下さった。こうしてわたしは〈人間は人間にとって神である〉とのギリシア人の発言がでたらめでないことを理解することができた」と。さらにまた「他のことでは，

---

9) テレンティウス『アデルフィス』761-2.

2 「人間は人間にとって神である」

実際,あなたはわたしにとっていつも最大の友人でしたが,この訴訟ではあなたはわたしの最大の友人であるばかりか,ギリシア人たちが言うように〈人間にとって神であるような人間〉とすんでの所で言ったかも知れない。

3
「人間は人間にとって狼である」

Homo homini lupus.（1, 1, 70）

　「人間は人間にとって狼である」。これは前に挙げた格言といわば正反対なものであって，そこから引き出されているように思われる。この言葉をプラウトウスはその作品『アシナリア』において「人間は人間にとって狼である」と使っている。ここでわたしたちが忠告されているのは，未知の人を信用しないで，ちょうど狼のように用心するようにということである。彼は次のように語る。

　　「人間は人間にとって狼であるが，どんな性質の人か
　　知っていない人間は〔まだ〕狼ではない」と[1]。

　1）　この格言は先行する格言「人間は人間にとって神である」よりも不吉である。最初からこの格言は『格言選集』に収められていた。この格言が古代においてもルネサンスにおいても多く引用されていたけれども，この格言はホッブスが『リヴァイアサン』の中で人間の自然状態を示すものとして使用してから有名となった。だが，この格言はエラスムスによって高くは評価されていない。ある格言が他のものと全く反対であることはしばしば見いだされることであって，このことがエラスムスを困惑させたわけではない。だが彼は両者が共に真実であっても，人間を神のようにその可能性において高く評価することを願っていたように思われる。キリスト教では人間が「神の像」として位置づけられる場合に神との関係が問われており，神こそが最高価値として示される。それに対しルネサンスが「人間の尊厳」を最高価値とみなすならば，人間の価値は高まってくることになる。ところがエラスムスのようにキリスト教と古典文化とを融合させよ

4
「悪しき守護霊」

Genius malus（I, i, 72）

　わたしたちが今しがた述べた「人間は人間に対し神である」[1]という格言の反対となっているものは、ギリシア人たちが「復讐する者」（アラストル）と名づけた悪しき守護霊であるように思われる。この名前によってわたしたちが呼んでいるのは、わたしたちが受けた災難の大部分をもたらす人たちである。それは今日でも普通の会話でも使われている。というのも、ある人たちは概してあれやこれやのことで何か不吉な影響を受けており、それらが何か悪しき運命であるかのように、かつ正当にも彼らを破滅させるように生まれてきたように思われてしまう。さらにこの格言は各人がダイモニオン（守護神）と呼ばれる二つの守護霊をもっているとの古代人の見解から起こっているように思われる。古代人たちは各人にダイモニオンと呼ぶ二つの守護霊を付与する。これらは人間だけでなく、場所や建物にも付いており、そのうちの一つはわたしたちの破滅を企て、もう一つはわたしたちを助

うとするルネサンスの人文主義者たちは、たとえばピーコ・デッラ・ミランドーラのように人間が最高の可能性を選択できる意志をもっていることに人間の尊厳を求める場合には、最高価値を人間を超えた神に置くようになった。ここにヨーロッパ・ルネサンスに特有な人間像が明瞭に認められる（金子晴勇『ヨーロッパの人間像』220頁参照）。

　1）　エラスムス『格言集』I, 1, 69.

エラスムス『格言選集』

けようと努める。『魂の平静について』という書物の中でプルタルコスが引用しているところによると、エンペドクレスがこのように考えていた[2]。

同じプルタルコスがブルートゥス〔ブルータス〕の生涯において語っているところと、ブルートゥスの経験もこのことに関係している。例の運命的な日が差し迫ってきて、彼はまだアジアにいてほぼ真夜中にテントの中で習慣によって目覚めていたとき、もうランプは消えており、何か恐ろしい人間の様子を超えた人影を見たようにブルートゥスには想われた。そして彼は大胆不敵にも直ちに一体だれなのか、人間なのか神なのかと質した。その姿は低い声で彼に囁いた。「ブルートゥスよ、わたしはお前の悪い守護霊である。お前はわたしをフィリピ[3]で見るであろう」[4]と。そんなわけで同じ人影は戦っているフィリピのところに現われたが、それはブルートゥスにとって確かに最後の戦闘であった。

このプルタルコスによってそれと同じような物語がマーカス・アントニウスとアウグストゥスについても報告されている。つまりこの二人はその他のことでは相互に愛情を込めて、またもっとも友好的に振舞ったが、敵意を引き起こしてしまった遊びではオクタビアヌスがいつも勝利者となる習わしであった。そのことをアントニウスはひどく苦しんだものだった。アントニウスの従者の中にはエジプトの魔術師がいた。彼がアントニウスの運命を本当に知っていたからにせ

---

2) プルタルコス『魂の平静について』15.474b（エンペドクレス断片、ディールス編 32B122）。
3) 古代マケドニアの都市。この地でアントニウスとオクタビアヌスの連合軍がブルータスを破った。
4) プルタルコス「ブルートゥス」48, 1.

4 「悪しき守護霊」

よ，それともクレオパトラの好意をえようとでっちあげたからにせよ，アントニウスがカエサルからできるだけ離れるように警告した。というのも彼の守護霊が他の点では元気なのに，カエサルの守護霊にしり込みして，また彼がカエサルに近づくに応じて，益々卑屈になり，打ちのめされるように想われたから[5]。

プラトンはソクラテスが独特の守護霊をもっていたと証言する[6]。これについてアプレイウス[7]とプルタルコス[8]が書き記している。テレンティウスも『フォルミオン』の中で「わたしは自分に起こったことを知っているが，わたしの神はわたしに怒りを発してわたしを見棄てたのを覚えている」[9]と言うとき，守護霊を感じ取っていたように思われる。

それどころかわが国の神学者たちも（古代人に従ってのことだと思うのだが），各人に天使と呼ばれる二つの守護霊をその生涯の初めからずっと任命している。その一人は友人で，わたしたちに適切なものを世話し，もう一人は邪悪であって，あらゆる方法でわたしたちを破滅させると脅かす。

良い守護霊は，（ドナトゥス[10]により引用された）ナエウィウス[11]の『スタラグムス』の中で，「神がわたしに好意的だ，

---

5) プルタルコス「アントニウス」33, 1 ff.
6) プラトン『ソクラテスの弁明』31d., ディオゲネス・ラエルティウス『哲学者列伝』II, 32 参照。
7) アプレイウス『ソクラテスの守護霊』48, 1.
8) プルタルコス「ソクラテスの守護霊」575a ff.
9) テレンティウス『フォルミオン』73f.
10) ドナトゥスは 4 世紀ローマの文法学者，注釈家，『大文典』と『小文典』を著わす。
11) ナエウィウス（Naevius）は前 270 年頃 - 前 201 年に生きた，ローマの詩人・劇作家。作品の中で高官たちを攻撃した。

彼はわが夫なのだ」[12]と表明される。同じくペルシウス[13]も「怒りの神々と邪悪な守護霊によって〔わたしは見棄てられた〕」[14]と言われる。要するにこうした「怒りの神々と親切な神々によって」という表現は皆，その話し方においてこの格言の香りを帯びている。テレンティウスも言う，「わたしが彼の言うことに耳を傾けたので，神々がわたしにすごく怒っていたのを知るほかには何も知っていない」[15]と。ホラティウスは諷刺詩の中で言う，「また不当なことに壁が苦しめられるのは，神々と詩人〔ペテン師〕が怒っているときに生まれたからだ」[16]と。

同じく，再び「どうやら彼は気まぐれの神々ウェルトゥムヌスから不運にも生まれてきたらしい」[17]とある。

同じく，抒情詩の中で「良い神々から生まれしロムルスの種族の最良の保護者よ，あなたはここにもうそんなに長くはいたまわない」[18]とある。

ホメロスの『イリアス』第5歌には「何か神が怒っている」[19]とある。

またウェルギリウスには「それがやってきたのは正に神々

---

12) この文章はドナトゥスによって引用された。テレンティウス『フォルミオ』74参照。
13) ペルシウスはローマの詩人で『諷刺詩』を著わすも，62年没。
14) ペルシウス『諷刺詩』IV, 27.
15) テレンティウス『アンドロマケ』663f.
16) ホラティウス『諷刺詩』2, 3, 7f.「壁が苦しめられる」とは詩ができないので，いらいらして壁を叩くことを指している。
17) ホラティウス『諷刺詩』2, 7, 14. ウェルトゥムヌスは元来エルトリア人の神で，ローマ人はラテン語の「ウエルト」(変わる) に結びつけて変化の神と見なした。
18) ホラティウス『カルミナ』4, 5, 1f.
19) ホメロス『イリアス』V, 191

4 「悪しき守護霊」

の導きとユノの好意によると，わたしは考える」[20]とある。

次に挙げる言葉もそれと関連している。「アンティフォンよ，お前だけが神々に愛されている」[21]。「神々がわたしを顧みたもう」[22]。「ただユピテルのご加護あらば」[23]。「神々の不興〔左手〕によって煩わされないなら」[24]。「アポロンがわたしの味方〔右手〕であるならよいのに」[25]。この種の無数の言句が詩人の表現の至る所で見いだせる。

一般的な表現から個別的なものに向かうなら，表現がいっそう魅力的になるであろう。たとえば，「この人は怒りを懐くあらゆるミューズ女神に促されて詩を書く」。「彼はアポロンの怒りに促されて歌う」。「彼はとても愚かに，かつ，明らかに，怒りを発する〔説得の女神〕スアーダのもとに自分の訴訟を起こしたのだ」。「マルス〔軍神〕は戦闘でわたしの側に立っていない」。「慈悲深いネプチュン〔海神〕のもとわたしたちは航海する」。「このならず者と折り合いを付けたことを，メルクリウスがわたしに怒ると思う」。「人が醜い子どもを産むとき，ウエヌスは怒って子どもをとりあげる」。「技をうまく発揮できない人には，〔技術の女神〕ミネルウァがそうなるのを欲しないのだ」[26]。

---

20) ウェルギリウス『アエネーイス』IV, 45
21) テレンティウス『ホルミオ』854
22) テレンティウス，前掲書, 817
23) ウェルギリウス『アエネーイス』III, 116
24) ウェルギリウス『農耕詩』IV, 6ff. アンティフォン（前480–411）はアッチカの10大弁論家の最初の人。
25) プロペルティウス『作品』3(2),7 参照，彼はローマの詩人で，紀元前54年頃恋愛詩と叙事詩を書いた。
26) ホラティウス『詩論』385参照。

5
「魔法の杖」

Virgula divina（I, 1, 97）

　何の努力もしないで恰も神の霊感によるかのように，わたしたちに起こるのを仄めかすものを人が何か願うたびに，魔法の杖はこの前述のギゲスの指輪[1]と必ずしも対立しない。それゆえ古代では指輪と同様に杖をもっている人たちには何か運命的な，もしくは魔術的な力があると考えられていた。キケロは『義務について』第 1 巻で「栄養と衣装に属するすべてがわたしたちにいわば魔法の杖によって十分授けられるならば」[2]と言う。ノニウス・マルケルスでは『ワローの魔法の杖』[3]からときどき引用され，これがメニップスの諷刺詩から採用した一つの表題であったことは明らかである。もちろんその表題の多くは大抵の場合，格言のような表題をもっていた。格言はおもにホメロスの杖から生まれてきたと考えられうる。この杖を彼はパラス・アテナの作と見た。この杖についてシニクス派の創始者アンティステネス[4]は，わたしが思うに，それと自分の杖とを比較して，書物を書いた

　1）　エラスムス『格言集』I, 1, 96 に出ている「ギゲスの指輪」（Gygis anulus）を指している。
　2）　キケロ『義務について』I, 158.
　3）　ワロー『メニッペ』565ff.
　4）　アンティステネス『魔法の杖』についてはディオゲネス・ラエルティウス『哲学者列伝』6, 7. を参照。

5 「魔法の杖」

ほどにそれは有名であった。ホメロスは多くの箇所でこのことを想起している。ウリックセス〔オデュッセウス〕が惨めな老人から突然青年に変身し，愛らしい美しい者となすとき，『オデュッセイア』第13歌ではこうある。

　このようにパラス・アテナ女神は杖でもって男にさわった[5]。

再び同じ男を青年から老人に変えながら，『オデュッセイア』第16歌は言う。

　パラス〔アテナ女神〕はイタカ人ウリックセス〔ラエルテスが一子，オデュッセウス〕のそば近くに立って，魔法の杖で打って老人に戻した[6]。

再び同じ書でパラスが彼を青年に戻し，その力を増大させたとき，

　アテナ女神はこう語ってから黄金の杖でもって彼に触れた[7]。

もちろんメルクリウス〔ヘルメース〕もまた魔法使いのようにカドルケウスと呼ばれる奇っ怪な杖を携える。『オデュッセイア』第24歌にはこうある。

---

[5] ホメロス『オデュッセイア』13, 429.
[6] ホメロス，前掲書 16, 455ff.
[7] ホメロス，前掲書 16, 172.

エラスムス『格言選集』

　その間に彼は黄金の美しい杖を手に取り，
　これでもってわたしが思うのに人の視力を眠らせた。
　彼がそれとは別様に欲すれば，眠れる者を目覚めさせも
　する[8]。

『オデュッセイア』第5歌と『イリアス』第24歌ではほぼ同じことが反復される。

　そのとき直ぐ黄金の美しいサンダルをもう足に着けた。
　そして香ばしい神々の食事を，一方では水の上を，
　他方では果てしなき大地の平原の上を
　一陣の風に護送されて，あの大気が運ぶ。
　そのとき〔使者は〕魔法の杖を取り
　自分が欲する者ならだれでも，眠気で目をなで
　また，目ざませもする。[9]

　ウェリギリウスはこれに倣って『アエネーイス』第4歌でかのカドルケウス〔軍師の杖〕を次のように描く。

　そのとき彼は魔法の杖を取る。これを用いて神は
　青ざめた霊たちをオルクス〔冥府〕より呼び出し，陰惨なタルタロスの底に送り込む。
　眠気を与えたり奪ったりし，死に際しては目を開く，
　その杖で風を起こし，荒れた雲間を泳いで渡る。[10]

8）　ホメロス，前掲書 24, 2.
9）　ホメロス『オデュッセイア』5, 44ff.『イリアス』24, 340ff.
10）　ウェリギリウス『アエネーイス』IV, 242ff.

5 「魔法の杖」

　キルケもオデュッセウスの仲間たちを変形するとき，その奇跡を演じる杖を欠いてはいなかった。『オデュッセイア』第10歌にはこうある。

　　彼女は杖で打たれた者たちを豚の群れのところに駆り集めた。
　　すると見よ，彼らは豚の頭に変わった。[11]

それから少し後で，

　　キルケがとても長い魔法の杖であなたを打とうとしたら，[12]

とある。さらに少し後には，オデュッセウスだけがキルケの盃を飲み干しても家畜の姿に変わらなかったとき，

　　彼女がさしだした飲み物をわたしが飲み干したとき，
　　魔法の杖で打ってもわたしに効き目がなかったのだが，[13]

とあり，終わりにはキルケはオデュッセウスを喜ばせようと友人たちを元の姿に返したとき，彼女は魔法の杖の助けを利用した[14]。

　いや，そればかりかヘブル人の文書でもそれは使われてお

---

11) ホメロス『オデュッセイア』X, 238
12) ホメロス，前掲書 293.
13) ホメロス，前掲書 318f.
14) ホメロス，前掲書 389ff.

り，モーセは奇跡を実行するのに杖を用いた。彼は杖を蛇に変えたが，それを元のかたちに戻す。彼は杖でもってナイルの水を血に変える。すると魚は死んでしまう。彼は杖で蛇の災いを呼び出した[15]。杖でもって紅海の流れを分けた[16]。それでもって岩を撃つと，泉がわき出た[17]。

　恐らく王たちも杖が授けられていたこともそれに加えられる。その杖を人々は王笏と呼ぶ。ここからホメロスには何度も「王笏を携えた王たち」[18]という表現が見られる。

　わたしたちが他のところから引用した格言の中にも同じ意味が見られる。つまり，「わたしは月桂樹の杖を携えている」[19]とある。

---

15)　出エジプト 8・16 以下参照。
16)　出エジプト 14・16.
17)　出エジプト 17・5.
18)　ホメロス，前掲書。
19)　『格言集』I, 1, 79.

6

「火に油を注ぐ」（さらに悪化させる）

Oleum camino addere（I, 2, 9）

　これ[1]と関連する格言「火に油を注ぐ」は，悪事に刺激〔温湿布〕，もしくは栄養剤を与えて，ますますそれを増大させることを言う。

　ホラティウスは諷刺詩の中で言う。

　　さあ，なお詩を加えよ，〔その言わんとするのは〕つまり油を火に加えよ[2]。

　すなわち，さらに大きな狂気〔詩的霊感〕に燃料を加えよ。聖ヒエロニュムスはこれをエウストキゥム宛の手紙で使っている。「ぶどう酒と青春は快楽の情火を二重に煽る〔燃料である〕。わたしたちは何のために〔情〕火に油を近づけたのか」[3]と。

---

1) 『格言集』I, 2, 8 . Ignem igni ne addas.
2) ホラティウス『諷刺詩』2, 3, 321.
3) ヒエロニュムス『書簡集』22, 8, 2.

7
「フクロウをアテネに持参する」
(余計なことをする)

Ululas athenas (I, 2, 11)

　「フクロウをアテネに」[1]という格言はそれに「あなたは持参する」とか「あなたは送る」という語が補われなければならない。この格言は，エジプトに穀物を，シケリアにサフランを持ち込むように，どちらかというと〔商品が〕満ち溢れているところに〔同じ〕商品を輸出する愚かな商人に当てはまる。その比喩が精神的なものに移されると，たとえば誰かが自分より博識な人を教えたり，詩人に〔つまらない〕詩を送ったり，もっとも事情に精通した人を忠告したりするときには，それはいっそう魅力的となろう。

　キケロはトルクワトゥスに「だが，わたしが再びあなたにこのように書き送ると，アテネにフクロウを持参するに過ぎません」と言う[2]。同じく兄弟に向かって「わたしはあなたが求める詩句をあなたにお送りします。つまり，アテネにフクロウを持参いたします」[3]と語っている。アリストパネスは『鳥』の中で言う。

---

1) ゼノビウス『格言集』3, 6. からの引用，ディオゲネス『列伝』3, 81, al.
2) キケロ「ファミリアレス宛の手紙」6, 3.
3) キケロ「クイントゥス宛の手紙」断片 2, 16(15).

7　「フクロウをアテネに持参する」(余計なことをする)

あなたはどう思いますか。誰かがフクロウをアテネに持参してくれるようにお願いします[4]。

ルキアヌスもニグリヌス宛の手紙で同じ格言を使って語っている[5]。

ところで，この格言はアテネにはその地に何か特有なもののようにフクロウが多くいるという事実から生まれた。フクロウがアテネのラウレウムという地に住んでいると報告されている。その地には金の鉱石が埋まっており，ラウレウム風のフクロウと呼ばれる[6]。この鳥は以前アテネの人々にとても愛されており，普通の鳥が見えない夜でも，暗がりでも，見ることができる青灰色の目のゆえに，ミネルウァに奉献されたと考えられた。そのため鳥占いではさい先のよい前兆と信じられていた。このことが「フクロウが飛ぶ」[7]という諺の中で表明されている。さらにミネルウァがアテネの人々の悪い計画をよい結果に変えるとも語られた[8]。

それに対しアリストファネスの解釈者の間ではダイモンが次のように判断する。つまり「フクロウをアテネに持参する」と言われるのは，アテネにフクロウが沢山いるからという理由だけでなく，フクロウがミネルウァの頭部と一緒にアテネの金貨にも銀貨にも刻まれていたからだと判断された[9]。ところでこの貨幣は「四ドラクマ」(quatuor drachmarum) と呼ばれていた。それ以前では人々は，その

---

4) アリストファネス『鳥』301.
5) ルキアヌス「ニクリスス」序文，37f.
6) アリストファネス『騎士』1091ff.
7) ゼノビウス『格言集』2, 89 からの引用。
8) アリストファネス『雲』587ff.
9) アリストファネス『騎士』1102.

エラスムス『格言選集』

標識として牛が刻まれたいた「二ドラクマ」(didrachma) 硬貨を使う習わしであった。そこから「舌に牛」[10]という格言が生まれたのだ。同じ人たちの間では「三オボール」(triobol) が使われていたと言い伝える人たちがいるが、それは「半分のドラクマ」(hemidrachma) とも呼ばれる。なぜならドラクマは六オボールの値打ちがあるからだ。「三オボール」(triobol) 貨幣は一つの表面にジュピターの肖像が刻まれており、他の表面にはフクロウの像が刻まれていた。そんなわけでアテネにフクロウを持参するのは愚かに思われていた。なぜならその地には至る所にフクロウで一杯であったからだ。プルタルコスは「リューサンドロスの生涯」という文章の中で、ある奴隷が自分の主人に「沢山のフクロウが屋根の下にいる」と謎めいた言葉でもって、フクロウの像が刻まれた金貨がそこに隠されていることを示しながら、それを盗むようにこっそり教えたとリューサンドロスが述べたとき、彼はアテネの貨幣に関して〔そこにフクロウが刻まれていることを〕証言している[11]。

---

10) ディオゲネス『列伝』3, 48.『格言集』I, 7, 18 参照。「牛の刻まれた貨幣で買収された人」を意味する。

11) プルタルコス『英雄伝』の「リューサンドロス」16節。「リューサンドロスは余った金銭と……贈り物や冠を、ギュリッポスに託してスパルタへ送った。このギュリッポスは、人の話によると、……各の袋に数を記した書附が入っていることを知らずにいた。スパルタに着くと、盗んだ金は自分の家の瓦の下に隠し、金の入った袋をエフォロスに引き渡してその封印を見せた。エフォロスが袋を開けて算えて見ると、銀貨の分量が書附と合わず、エフォロスは当惑したが、ギュリッポスの奴隷が謎を掛けて、ケラミコス(アテーナイの北西部の地名、「陶土の」という意味で、ここでは瓦をも指す)の下に梟が沢山眠っていると告げた。その頃の大部分の貨幣に捺した図柄は、アテーナイの威勢に従って梟(アテーナイの紋章)であったらしい」(河野与一訳『プルターク英雄伝』岩波文庫、第6巻、133-34頁)。

8
「白鳥の歌」

Cygnea cantio（I, 2, 55）

　白鳥の歌，これはギリシアの格言で語られる。アエリアヌスはその著作『動物の本性』においてこの格言のために語源的な解釈を行なった[1]。その生涯の終末時に雄弁に論じ立てる人とか，老年の終わりに聞くにいっそう快く書く人とかに，それは当てはまる。このことは通常ものを書く人によく起こることで，どの人も最後の作品が少しも苦いところがなく，密のようにとても甘い。あなたも歳と共に弁舌が成熟してくるようだ。

　ところで白鳥は死が迫ってくると，何か不思議な歌を発するとすべての文学の中で広く世間に知られている。とはいえ誰もそれを確認していないし，信用もしていない。というのはルキアヌスがポー川に沿って航海したとき，白鳥を一度も見なかったと述べているから[2]。

　アエリアヌスはラテン語を話す人たちがファウォニウス（favonius）と呼んでいる西風（zephyrus）が吹かないと，白鳥は鳴かないと付言する[3]。マルティアリスは次のように言う。

---

1) アエリアヌス『動物の本性』II, 32.
2) ルキアヌス『琥珀金』4.
3) イソップ『寓話』416b 参照。

エラスムス『格言選集』

　旋律の美しい自分の埋葬の歌を歌手の白鳥は弱まっていく舌に合わせて歌う[4]。

　この現象を説明しようと試みて，それがほっそりした首を通して息をするために起こるのだと苦心して説明する学者たちにこと欠くことはない。

　聖ヒエロニュムスはある著作家が老年になってから雄弁になったことを思い出した後，彼を称賛し，「この人たちはすべて死が近づくと，何かある白鳥の歌を詠ったものだ」[5]と言う。同じくネポティアヌスの墓碑銘には「わたしたちを仕事へと追いやったあの方はどこにいるのか。白鳥の歌よりも甘美な声はどこにあるのか」[6]とある。同様にわたしはある追悼文の中で，あらゆる学問の庇護者として称賛してもし過ぎることがないカンタベリの大司教ウイリアムに対して，以前，その場で次のように冷やかしたことがある。

　　白衣を着た上で，良い声の調べを奏でる
　　歌い手が現われるのをあなたは見るだろう。
　　それはその白鳥の歌が高い星へと昇っていって，
　　次の世代の人々のことをも聞き届けるためなのだ。[7]

　アテナイオスも『ディプノの賢人たち』という書の第14歌でこの格言のことを心に留めている。その出典は著者であるクリシッポスである。彼の報告によると，ある人がこの警

---

4) マルティアヌス『エピグラム』13,77.
5) ヒエロニュムス書簡集 52,3,5.
6) ヒエロニュムス前掲書 60,1,2.
7) エラスムス『詩集』80.

8 「白鳥の歌」

句に甚だ魅せられてしまって,死刑執行人によって殺されようとしたとき,白鳥の歌を歌い終わってから死にたいと言ったそうである。わたしが思うに,そのとき彼はためらわないで死ぬことを,それと一緒にはっきり表明する何か気の利いた言葉を考えていたのだ。キケロは『雄弁家』第3巻の序文でクラススについて次のように語った。「神にもまがうあの人の声と演舌は白鳥の歌であったが,あたかもそれを聞けるかのような期待をもってその死後もわたしたちは彼が最後にたたずんだ跡を見ようと議事堂に足を運んだものである」[8]と。

---

8) キケロ『雄弁家』III, 2, 6.「キケロ著作集」7,大西英文訳,岩波書店,334 頁参照。

9
「別世界にいるように」

In alio mundo（I, 2, 97）

　「別世界にいるように」。この格言は他の人々の生活習慣から全く離れている人たちについて，あるいはその人たちにとってはすべてが新鮮に思われる者たちについて，また祖国から遠く離れている人々について，今でも一般に用いられている格言の様式である。プルタルコスはその卓上清談の中で言う。

　　ギリシア人という種族は，どこか別世界に生まれてきたかのように，わたしたちとは全く別の外つ国人である[1]。

　ホラティウスも抒情詩の中で同じ語句を使って次のように語る。

　　どうしてわたしたちは熱い土地を
　　別の太陽でもって変えようとするのか[2]。

　1）　プルタルコス『食卓清談』4 669d. 邦訳によるとこの箇所は「海の動物」について語られている。ギリシア語本文が誤った写本をエラスムスが使ったようである。
　2）　ホラティウス『詩集』II, 16, 18sq

32

9 「別世界にいるように」

　またマクロビウスは諷刺詩の序文で言う。「ラテン語の〔魅惑的な〕色香がわたしたちに〔与えられるのが〕許されないなら、わたしたちは何か別の地域に生まれたかのようだ」[3]と。というのは大空がすべての人にとって共有であるがゆえに、「別の地域に生まれた」というのは、必然的に比喩的表現であるから。またウェルギリウスはエリシウスの平原について次のように語っている。

　　彼らは自分の太陽をもち、自分らの星辰を知っている[4]。

彼はわたしたちと異なっているかのように「自分らの」と語っている。

　同様にクラウディアヌスも言う。

　　わたしたちは別の星辰をもっている。
　　別の天体をもっており、あなたはもっと純粋な光をみるでしょう[5]。

さらにウェルギリウスは『農耕詩』で言う。

　　そしてブリタニアの人たちは全地から全く切り離されている[6]。

---

3)　マクロビウス『諷刺詩』序言, 11
4)　ウェルギリウス『アエネーイス』VI, 641
5)　クラウディアヌス『プロセルピナの誘拐』II, 282ff.
6)　ウェルギリウス『農耕詩』I, 66

エラスムス『格言選集』

　しかし，ほとんどの人類にいつも起こっていることは，自分の住処からやや離れた地域に新しい外国人が到着したとき，別の地域から連れてこられたかのように，彼らは何にでも身震いするし，何にでも仰天するし，何にでも感嘆させられるということである。

10
「人の数だけ意見がある」

Quot homines, tot sententiae（I, 3, 7）

　テレンティウスのこの格言「人の数だけ意見がある」[1]ほど今日でも使われているものはない。同じ著者のもとでは，あの「各人にはそれぞれの様式がある」という言句がこれと似ている。ペルシウスも同様に言う。

　　人間は千種類もの外観を呈し，仕事の習慣も色とりどりである。
　　各人にはその欲望があり，同じ祈願の下に生きる人などいない[2]。

「先祖の地所のことで譲歩する人は見いだされるが，持ち前の意見を譲ろうとする人を見たことがない」[3]と言われる，あの警句も同類に属する。ホラティウスはとても上品な比喩をこれに付け加える。

　　全く意見の合わない三人の食卓仲間がわたしにおりました。

---

1) テレンティウス『フォルミオン』454.
2) ペルシウス『諷刺詩』5, 52 f.
3) マルティアリス『諷刺詩』8, 18, 9f.

エラスムス『格言選集』

　味覚が多様なだけ，彼らの注文が一致しません[4]。

　すべての詩の中でも最初の作品をこの格言の主題のために作成したのも彼でした。つまり「人によって導かれている関心事は異なり，人によって心に懐いていることは違っている」[5]と。

　テレンティウスは〔喜劇〕『フォルミオン』の中で三人の弁護人をとても巧みに次のようにからかう。「最初の人はそうだと言い，次の人はそうではないと言い，三番目の人はよく熟考させてくれと言う」[6]と。わたしが争いを抑えるために各人に自分の意見を存分に言わせるようにすべきだと忠告すると，聖使徒パウロもこれに近づいていたように思われる[7]。彼の忠告に神学者の群れが耳を傾けていたなら，今日，何の価値もない小さな問題についてこんなにも激しく争うことはなかったであろう。なぜなら敬虔の念を損なうことなく無知のままでいることも確かにあり得るから。

　同じ考えをエウリピデスは『フェニキアの人たち』の中でさらに詳しく表明する。立派な偉業がすべての人にとって同じであったなら，

　　両方に分かれた人たちの論争はなかったことであろう。
　　だが，今では死すべき人間にとって似たものも，同じものもない。

　4）　ホラティウス『書簡集』2, 2, 61f. なお，同じ視点について宮沢賢治『注文の多い料理店』参照。
　5）　ホラティウス『詩集』I, 1.
　6）　テレンティウス『フォルミオン』449-457.
　7）　「ローマの信徒への手紙」14・5参照。

10 「人の数だけ意見がある」

ことによると言葉だけが彼らの間で一致を見るのだ。
だが事件でも行為でも一致するものは何もない[8]。

同じく「花冠で飾られたヒッポリトス」の中にはこうある。

人間にせよ神にせよ,それぞれのものに熱中する[9]。

ホメロスも『オデュッセイア』第14歌でこれを「各人はそれぞれ違ったものにほほえみかけ,気に入っている」と思いめぐらした[10]。

---

8) エウリピデス『フェニキアの人たち』499ff.
9) エウリピデス『ヒッポリトス』104.
10) ホメロスも『オデュッセイア』14, 106.

11
「好もうと好まざると」(手当たり次第)

Nolens volens (I, 3, 45)

　以前に提示されたように[1]，ドナトゥスは，この種のすべての成句が格言的である，と忠告した。それは確かに対立的な内容から成り立っている。なぜなら，それは何かしら謎めいたものを伴っていると考えられるから[2]。こうしたことはギリシアの詩人たちの間で見られることだ。たとえばエウリピデスの『ヘカベ』の中には「彼は欲していないが，それでも同時に欲している」[3]とある。同じく『タリウスのエピゲネイア』では，「好もうと好まざるとに拘わらず，わたしはある意味で追放されている」[4]とある。テレンティウスは『アンドリア』の中で「あなたはご自分の〔自由〕意志によって強制されている」[5]という言い方もこれに属する。

---

1) エラスムス「ライデン版全集」LB. II, 11E.
2) テレンティウス『宦官』1058.
3) エウリピデス『ヘカベ』566.
4) エウリピデス『タリウスのエピゲネイア』512.
5) テレンティウス『アンドリア』658.

12

「あなたは棘のある棒を蹴っている」
(無益な反抗をする)

Contra stimulum calces (I, 3, 46)

「わたしは棘のある棒を蹴り上げようとしている」[1]とは克服しがたいものに対して無益にも抵抗することを意味する。もしくは刺激されると危害を加える人たちを挑発することを言う。あるいは運命に逆らったり，避けることができない災難を我慢できないほどに耐えることによって，それから逃れることができないばかりか，それを倍増することを言う。たとえば，だれか喧嘩好きの女房をもらった人は，絶えず彼女と言い争い，彼女をいっそう喧嘩好きにするほかには何も役立たないようなものだ。

テレンティウスは『フォルミオン』の中で「あなたが棘のある棒を踏み付けるのは確かに愚かです」[2]と言う。ドナトゥスはこれが格言であって，「蹴り上げる」という言葉が欠けているから，翳り〔不明な部分〕を残していると指摘する。そしてギリシア語はそれを laktizein〔無駄な抵抗をする〕の一語で言い表す。プラウトゥスは『トルクレントゥス』の中で「もしあなたが拳骨で殴るなら，手にひどい傷みを与える」[3]と言う。この格言は『使徒言行録』にもはっき

---

1) ゼノビウス『格言集』5, 70 からの引用。
2) テレンティウス『フォルミオン』77.
3) プラウトゥス『トルクレントゥス』768.

39

り出てくる。「棘のある棒を蹴ると，ひどい目に遭う」(26・14)，つまり神と戦っても不利なだけである。エウリピデスは『バッコスの信女たち』の中で次のように言う。

> わたしならば人間の身で神に向かって短気を起こし，
> 棘のある棒を踏み付けようとするよりも，
> 直ぐにも神に犠牲を捧げましょう[4]。

ピンダロスは『巫女たち』の中で「それは棘のある棒を踏み付けるようなものだ」〔無益な反抗である〕[5]と言う。

この格言にある比喩は農夫たちが先の尖った棒でもって，牛の胴体を刺すことから採用された。それゆえ「ボウケンタイ」（牛を刺す人）と格言では呼ばれる。

> 牛を刺す人は多いが，土地を耕す人は少ない[6]。

もし牛が踵でもって棘のある棒に戦いを挑むなら，いっそうひどく傷つけられる。牛が刺し棒で傷つけられるほどには，棒は損なわれはしない。

プルタルコスは『怒りについて』という覚書の中で，自分を蹴った騾馬に怒りを覚えてそれを蹴り返した，格闘技の選手クテシフォンとかいう人のことを想起している[7]。

---

4) エウリピデス『バッコスの信女たち』796sq.
5) ピンダロス『巫女たち』2, 94sq.
6) エラスムス『格言集』I, 7, 9.
7) プルタルコス『怒りについて』VIII, 467a.

13
「夢でさえもない」

Ne per somnium quidem（I, 3, 62）

　「夢でさえもない」という言句は，ギリシア語では「これはどんな場合にも，どんな時でも起こらない」ことを言い表すために格言風に言われていた。とにかく何かもつと喜ばしいことを静かなときに夢見たことがなかったほど，幸福から全く見捨てられた人はほとんど誰もおりません。

　ルキアノスは「雇われ人について」という小論で「夢のなかでさえ彼は一度も白いパンを腹一杯食べたことがない」[1]と言う。彼は同じことを「にわとり」という作品のなかでも使っている。鶏は言う「王様たちには夢のなかでさえ何か楽しいことを享受するのが許されていない」[2]と。再度，彼は「琥珀金〔金銀の合金〕」のなかで「あなたが前に言ったように，楽しく歌っている人たちをわたしたちは夢のなかでさえ聞いたことがない」[3]と言う。テオクリストゥスは「牛飼い」の中でこのことを優雅な仕方で仄めかす。そのとき彼は礼儀正しい少女エウリカにキスしようとした不作法者を彼女から追い払って，その人にキスを与えるなど全く考えられなかったので，「彼は夢の中でさえそれを期待すべきではない」と

---

1) ルキアノス『雇われ人の報酬』17.
2) ルキアノス「にわとり」25（『神々の対話』所収）
3) ルキアノス「琥珀金」5.

エラスムス『格言選集』

彼女は言った。詩には次のように歌われている。

> ここから遠くにお前を引き離しなさい。
> 不作法者よ、お前はわたしにキスしようとするのか。
> 嘆かわしいことにわたしは田舎者らにキスを与えることなど一度も学んでおらぬ。
> むしろ都会の唇に口づけするのが習わしだ。
> お前は汚らわしい唇でもってわたしの小綺麗な口に触れてはならない。
> 夢にもそうあってはならない。[4]

キケロも同じことを『アッティクス宛書簡集』の中で用いる。「〔政治家には〕誰も見いだされることはない、夢の中でさえ」[5]と。テオクリトゥスは『ヘラクレスの妻、メガラ』の中で次のように書いている。

> このようなことは他の誰にも、夢の中でさえも、起こらなかった[6]。

ガレノスは『自然の能力について』第2巻において「また夢の中でさえ彼がかつてペリパトス学派と親しく交際していたのであっても、このことはエラジストラトゥスに知らされていなかったと考えるべきではない」[7]と言う。

最悪な種類の人たちもいつかは壮大な夢を見ることがよく

---

[4] テオクリトゥス「牛飼い」20, 2以下.
[5] キケロ『アッティクス宛書簡集』第1巻, 18.6.
[6] テオクリトゥス『ヘラクレスの妻、メガラ』4, 18.
[7] ガレノス『自然の能力について』2, 7.

13 「夢でさえもない」

あるものだ。その有様は夢の中で著しく裕福であるが，目を覚ますと，イルスよりも大抵もっと貧しい職人であった，ルキアノスのミキルスのようだった[8]。というのは夢を見るというのは一種の期待でもあるからだ。そんなわけでウェルギリウスも『牧歌』の中で愛人たちの空しい希望を夢幻と呼んでいる。

　　愛する人々は自ら自身に夢幻を捏造するのか[9]。

ホラティウスもこの点について『諷刺詩』の中で回顧して言う。

　　彼があなたを長い奴隷的な奉仕と労苦から解放すると，
　　あなたは目覚めて次のように聞くでしょう
　　「オデュッセウスよ，お前が四分の一の相続人である」
　　と[10]。

したがって「夢でさえもない」という表現はちょうどあなたが「あえて望んではならない」というのと同義である。
　プルタルコスはストア主義者たちに反対して書いた小冊子の中でこの格言を少し違った仕方で持ち出す。「共通な考えからはずれて彼らの夢を解釈してはならない」[11]と。
　聖クリュソストモスはユダヤ人を論駁する第3演説の中

---

8) ミキルスはルキアノス「ニワトリ」に出て来る人で，ピュタゴラスの生まれ変わりである。なおイルスはイタカ島のオデュッセウスの家にいたこじきアルナエウスのあだ名。
9) ウェルギリウス『牧歌』8, 108.
10) ホラティウス『諷刺詩』2, 5, 99-101.
11) プルタルコス「ストア主義者論駁」『道徳論集』1074b.

でそれを「夢のようでもない」と表現する[12]。

---

12) クリュソストモス『ユダヤ人を論駁する』3,4（MPG. 48, 848）.

14
「一片のパンのために」

Frusto panis（I, 3, 77）

　「一片のパンのために」という格言は，今日の時代でも一般の人々によって，何か全くつまらないものとか，卑賤なものを表すために繰り返し使われる。

　マーカス・カトーはある演説の中でマーカス・カエリウスが単に語っていることだけでなく，また黙っているときの卑しさを非難して，「彼は一片のパンでもって黙らせるためにも，言わせるためにも，買収されうる」と言う。この箇所はアウルス・ゲリウスによって『アッティカ夜話』に引用されている。この修辞学上の誇張法は一片のパンで勧誘するのが常である犬とか，乞食から採用されたように思われる。

15

「トゥニカは外套よりも身近である」

Tunica pallio propior est.（I, 3, 89）

　わたしたちはこの格言風な比喩をプラウトゥスの『トリヌッモス』の中で「トゥニカは外套よりも身近である」[1]と読む。その意味は，わたしたちの友人の中ではある人には他の人よりも固く結びつけられており，みんなが同じ程度に結びついているとは考えられえないということである。

　古代人の間ではゲリウスが〔その著作『アッチカ夜話』〕第5巻13章で述べているように[2]，最初に敬意を表明すべき相手は，両親であり，次はわたしたちの保護の下にある少年たちであり，第三は庇護民であり，第四は見知らぬ客人であり，第五は血族や姻戚の人たちである。それに加えて，ある仕事は他のものよりもわたしたちにいっそうふさわしいものである。

　外套はギリシア人にとって一番外側に着る衣服である。ローマ人の着るトガと同じである。トゥニカはトガによって被われていたものだ。またホメロスでは〔上着も肌着も〕一緒に呼ばれる[3]。

---

　1)　プラウトゥス『トリヌッモス』1154。この格言は「肌着は上着より大事だ」とも「他人より我が身の利益が大事だ」とも訳される。
　2)　ゲリウス『アッチカ夜話』V, 13, 2.
　3)　ホメロス『イリアス』II, 262「上着も肌着も」；『オデュッセイア』

16

「槍の射程外に」(飛び道具の届かぬ所に)

Extra telorum iactum (I, 3, 93)

　「槍の射程外に」[1]とは,安全で危険の外にあることのために使われる。それは戦闘から来た比喩である。そこでは投げ槍で撃ち殺されたくない人は,槍投げが届くよりも遠方に身を遠ざけるか,投げ槍から身を守る場所に自分を引き止める。それゆえ歴史家たちの間では「彼らは今や槍の射程内に来ていた」という表現が時折使われる[2]。クイントゥス・クルティウスの第3巻では「戦列はもう互いに目に見えるところに来ていたが,槍の射程外にあった」[3]とあり,再度第4巻で「まだ槍を仕掛けるまでには至らないでいた」[4]とあり,また「未だ槍の射程内に近づいていなかった」[5]とある。このことをギリシア人たちは〔ギリシア語で〕エントース・ベロン「槍の内に」と言う。ところが投げ槍でもって接触しあえるよりも遠くに離れている人たちだけでなく,ともかく

V, 229; X, 542; XV, 368.
　1) ゼノビウス『格言集』3, 89. エウスタトゥス参照。ホメロス『イリアス』XIV, 130.
　2) クイントゥス・クルティウス『アレクサンドロス大王の事蹟』III, 11, 1.
　3) クルティウス,前掲書 III, 10, 1.
　4) クルティウス,前掲書 IV, 2, 23.
　5) クルティウス,前掲書 IV, 13. 36.

も安全である人たちに対しても「槍の外に」あると言われる。セネカは『親切な行為について』第7巻で射程外とよく似た比喩でもって「神を冒瀆する人たちは，その神性が攻撃の外に置かれた神を侮辱することができない」[6]と語っている。ルキアノスは『祈願』の中で〔ギリシア語で〕「飛び道具の外に舞い上がって，上から見下ろすこと」[7]と言う（つまり「ある人は自分の身が安全な高所から戦闘を眺めることができる翼をもちたいと願う」と）。同じ人は「彼がすでに飛び道具の届かぬ所にいた」[8]と言う（つまり「『オデュッセウス』の中の〔一つ目の巨人〕ポリヘムスはキクロプスが彼を槍で討ち取りえないほど〔遠くに〕，すでに逃走していた」『オデュッセウス』第9巻の終わりを参照[9]）。再度，同じ人は言う，「どうしてムーサたちはあなたの槍から安全なのか」[10]と。彼はこのことを再び『ニグリヌス』の中で仄めかしている。

　　ゼウスがヘクトルを救ったと彼らが言っているのと同じく，わたしは投げ槍から身をはずした。兵士の殺害，流血，反乱から離れて，人生の残りの時間を家で過ごそうと決めた[11]。

ホメロスの『イリアス』第14巻には次のようにある。

6）　セネカ『親切な行為について』7, 7, 3.
7）　ルキアノス『祈願』44.
8）　ルキアノス『対話』2, 1,
9）　原文ではホメロス『オデュッセイア』第10巻と中にあるが第9巻の誤り。
10）　ルキアノス『神々との対話』19, 2.
11）　ルキアノス『ニグリヌス』18.

16 「槍の射程外に」(飛び道具の届かぬ所に)

> うっかり重ねて傷を受けるようなことがないように，飛び道具の届かぬ所に構えて[12]。

　それとは反対に，だれかが危険に曝されているのを告げたいならば，「彼はその射程内にある」と言いうるであろう。ルキアノスは『バッカス神』の中で「飛び道具の届く所にちょっとでも留まっていないように」[13]と語っている。ウェルギリウスは『アエネーイス』第11巻で「もう槍の射程内に双方が進んでおり」[14]と言う。

---

12) ホメロス『イリアス』XIV, 130.
13) ルキアノス『バッカス神』4.
14) ウェルギリウス『アエネーイス』XI, 608（邦訳，536頁）。

17

「カリュプディスを避けたのち，わたしはスキュッラに転落した」

Evitata Charybdi in scyllam incidi. (I, 5, 4)

　「カリュプディスを避けたのち，わたしはスキュッラに転落した」[1]。ギリシア語のこの格言は書き出しの言葉が欠けた短長二歩格の詩行からなっている。これは偶然作られたのか，それとも文芸によって創作されたのか定かでない。その意味するところはこうである。わたしがいっそう重大な不幸を避けている間に，それとは別の他の不幸に転落した，ということである。この格言はホメロスの物語から採用された。その物語というのはカリュプディスに対する恐れからスキュッラの方へオデュッセウスがもっと近づいて航海し，彼の仲間から六人の生命が失われてしまったことを物語っている[2]。

　ある人はスキュッラがメガラ王ニーソスの娘であったと言う。この娘は，パウサニアスがコリントについて述べた本の中で想起しているように[3]，父の黄金の髪を奪ったために海獣に変えられた。ウェルギリウスはこの点に『牧歌』の中で同意しているように思われる。

　　ニーソスの子スキュッラについてわたしは何を語ろう

---

1) アポストリウス編『選集』(Collectanea)16・49.
2) ホメロス『オデュッセイア』XII, 201-259.
3) パウサニアス『ギリシア記』II, 34, 7.

17 「カリュプディスを避けたのち,わたしはスキュッラに転落した」

> か。伝説は彼女を
> 腰の周りに吠える怪物に巻き付けられた純真な乙女として描いている。
> ああ,怖がる水夫たちを海に住む犬どもが八つ裂きにした[1]。

　セルウィウスはスキュッラをフォルクスとニンフのクラダイドゥスの娘であったと告げる。グラウコスがこの娘を愛したとき,彼に対する愛にとらえられていたキルケは,彼が自分よりもスキュッラを好いているのを知った。そして彼女はニンフがいつも水浴することになっていた泉に魔法の毒を流した。彼女らが泉に降りていったとき,陰部までさまざまな形に変えられた。というのは野獣の形に人間を変えるのがキルケの特技であったから。彼女は自分の醜さに戦慄し,海中に飛び込み,伝説の題材となった。

　こうした事柄の真相について著述家たちの見解は多様である。サルスティウスは海に突き出た岩があったと考える。この岩は遠くから眺める人たちには女の形に似ており,それに打ち砕かれる大波は,オオカミの鳴き声と犬の吠える声に似ているように思われたので,彼女がその陰部からこのような野獣によって巻き付けられているように想われたのだ[2]。ギリシア人の記録の中に,スクレウェイン(略奪すること)からスキュッラの名前が導入されたとある。ある驚くほどに速い三段オールのガレー船によって彼女が略奪されたとあるのを,わたしは見つけた。この船を襲った海賊たちはティレニ

---

1) ウェルギリウス『牧歌』VI, 74; 77.
2) サルステイクス断片 4, 24,〔『歴史』から散逸した断片〕。

ア海とシキリア海を荒らし回り，他の軍船のそばを通るたびにそれを略奪した[3]。そこからこの物語が発生したのである。

しかしカリュプディスに関しては，詩人たちの作った物語によれば，彼女は強欲な女であつて，ヘラクレスの牛を強奪したので，ユピテルの稲妻でもって打たれて，海に転落し，こうして元々の本性を保っている怪物に変えられたと伝えられる。というのも彼女は何でも飲み込んでしまい，飲み込まれたものを，著者のサルスティウスによると，タウロミニウムの海岸に吐き出すからである[4]。それゆえホラティウスは貪欲で決して飽くことを知らない強欲の娼婦を格言的な名でもってカリュプディスと名付ける。

ああ，悲しいかな。
お前はどれはどカリュプディスに難渋していることか。
若者よ，お前はもっと良い輝きを受けるに値する。[5]

セルウィウスはスキュッラがイタリアにあり，カリュプディスがシケリアにあると言う。ウェルギリウスは『アエネーイス』第3巻で二つの難所の間にあるこの狭い水路について優美な仕方で次のように描く。彼は言う，

この場所にはその昔途方もない力で引き起こされ崩落が
（太古での長期に渡る歳月がこんなにも大きな変化を起こすことができる）
二つに引き裂いたと言い伝えられる。それまで両側の大

---

3) アポストリウス編『選集』16, 49.
4) サルスティウス『歴史』IV, 27.
5) ホラティウス『抒情詩集』I, 27, 18-20.

17 「カリュプディスを避けたのち,わたしはスキュッラに転落した」

　地は一つであったが,
　大海が真ん中まで激しく流れ込み,波によって
　ヒスペリア側をシキリア側から切り離した。
　田野と町々は岸に沿って分離され,狭い潮流によって洗われる。
　右側にスキュッラが,左側に貪欲なカリュプディスが占める[6]。

また同じことを別の箇所では,

　両者の間に進路をとってはなりません。
　死への道がほとんど相違なく共に通じているから[7]。

ホメロスは『オデュッセイア』第12歌で双方の危険について多くの言葉でもって語り,キルケにオデュッセウスがカリュプディスよりもスキュッラに近い方に向きを変えるように忠告させる。なぜなら水夫を全部失うよりも,水夫仲間から六人を失うほうがより望ましいから。彼女はスキュッラに向かうよりもカリュプディスに向かう方が困難さにおいて遥かに危険であると言明する。つまり

　彼女が波を喉でもって飲み込んだときには,あなたはその場に居てはなりません。
　なぜならネプテューンでさえそのような危険から
　救われえないから。そうではなくスキュッラの岩に近づ

---

6) ウェルギリウス『アエネーイス』III, 414ff.
7) ウェルギリウス,前掲書 III, 685ff.

エラスムス『格言選集』

いて行き
素早い行路をとってそこを通過しなさい。
というのは水夫六名を失うほうが，同時に全員を死で失うよりも
遥かに優っているから[8]。

　わたしたちはこの格言を三つの方法で用いることが許される。〔第一に〕損失を受けずには立ち去れないような窮地に陥ったときには，オデュッセウスの例に倣って，二つの悪事の中でより軽微なほうを選ぶべきであるし，また損害の少ない側に向かうべきであると，わたしたちは警告される。たとえば，もし誰かが健康と金銭とを同じように失う危険に曝されるならば，生命の危険よりも，金銭を失う危険を選ぶほうがいっそう適切である。なぜなら資産が失われても，とにかく〔そのうちに〕埋め合わせられるが，生命はひとたび失われると，もう決して回復されないから。

　そこを通過する仕事は両刃の危険であることをわたしたちは予想する。そのときにはどちらの方向をとっても誤らないように最高の自制〔思慮〕が必要である。ここではもう理性はどちらの危険がいっそう大きいかどうかを考えない。そうではなくどちらに行っても大きな危険が潜んでいることだけが理解される。

　このことの最高の事例は次のようであろう。カリュプディスで健康を害するよりもスキュッラで損失を蒙るほうが遥かに望ましいことを記憶すべきである。不名誉なカリュプディスに転落するよりも，スキュッラにいわば出くわして金銭問

---
8) ホメロス『オデュッセイア』XII, 106ff.

17 「カリュプディスを避けたのち, わたしはスキュッラに転落した」
題で損害を受けるほうがましである。

　第二の方法はこうであろう。君主の気分を害さない仕方で民に好意をもつように配慮すべきである。用心と慎重さをもって万事を処理しなさい。あなたがスキュッラとカリュプディスの間の航路にあることを忘れないようにしなさい。

　第三の方法はこうであろう。あなたが他の道を採るように変わりうるなら, 次のようにしなさい。教養がないのを恐れて, あなたは尊大であるとの評判を招いている。これは明らかに「スキュッラを避けてカリュプディスに転落した」と語られていることである。

　「カリュプディスを避けようと欲して, わたしはスキュッラに転落した」[9]というこの格言は, どんな作者から生まれたのか, 実際, 現在のところ心に思い浮かばないが, ラテン語を話す人たちの間ではもてはやされている。

---

9) これら双方の表現は同じものであることがロイッチュ, つまり Gauthier de Chatillon, Alexandreis 5, 301 (1180年頃の作) によって認められた。

55

18
「煙を避けてわたしは火中に転落した」

Fumum fugiens in ignem incidi. (I, 5, 5)

　「わたしは煙を避けて火中に転落した」[1]。この六脚詩句は先行する格言調の文章[2]と同類である。ルキアヌスは『ネキオマンティア』の中で言う，「わたしは格言にしたがって煙から火の中に駆り立てられたことに気づかなかった」[3]と。プラトンも『国家』第8巻の中でこの格言を使っている[4]。民は自由民として服従を拒否することによって，煙を避けて火の中に転落するように，明らかに奴隷も服従することが強いられるであろう。ホラティウスは『諷刺詩』のなかで次のように言うとき，それを仄めかす。

　　あなたが他人によって曲がった道に逸れるなら
　　何かの悪徳を避けても，全く無駄であるから[5]。

　また彼は『詩学』の中で次のように語っている。

---

1) ディオゲニアヌス『格言選集』8, 45 からの引用。
2) エラスムス『格言集』1, 5, 4 を指す。
3) ルキアノス『ネキオマンティア』4.
4) プラトン『国家』VIII, 569b.
5) ホラティウス『諷刺詩』II, 2, 54ff.

18 「煙を避けてわたしは火中に転落した」

もしも熟練さが欠如しているなら,失敗を避けても過誤に導かれる[6]。

プルタルコスは「愚かな恥じらい」の中で言う,「愚かな恥じらいは,不名誉という煙を逃れる人を火の中に投じることが疑いなく生じる」[7]と。つまり他のもっと悪いことの中に投げ込むことが起こる,と。

---

6) ホラティウス『詩論』31.
7) プルタルコス「愚かな恥じらい」9, 532d.

19

「必要不可欠な悪」

Necessarium malum（I, 5, 26）

　先の格言（I, 5, 25）とよく似ているのが「必要不可欠な悪」である。あなたがある点でその援助が必要なために，見捨てることができないし，邪悪な人たちであるから好意をもって我慢できないような人々についてそう言われる。この格言はある〔シキリア東部に住む〕ヒュプラ人のことばから誕生してきたように想われる。ストラボンの第14巻からのことばを人は忘れることができない。エウティダムスは何かしら暴虐な性格の人だったが，多くの点で国家に役立つ人であったので，悪徳と有徳とを同等にもっていたように思われた。ヒュプラ人のある雄弁家はその演説の中で彼について次のように語っている。「あなたは悪人ですが，国家にとっては必要不可欠な人です。わたしはあなたと一緒に生きることはできないが，さりとてあなたなしには生きることもできない」[1]と。同様に皇帝アレクサンダー・セウェルスは会計係を廃止する法令を出しながらも，その後，国家に不利益でなければ廃止できないことをとくと考えて，それを必要不可欠な悪と呼んだ[2]。この仕方でコルネリウス・ルフィヌスは確

---

1) オウィディウス『愛の神々』III, 11, 39.
2) ランプリディウス『セウェルス・アレキサンドル』46, 5.

19 「必要不可欠な悪」

かに盗癖はあるし、ひどく貪欲であったが、同じく卓越した支配者であった。ゲリウスの『アッティカ夜話』第4巻とキケロの『雄弁家』第11巻で語られているように、フェブリウス・ルスキヌスはこの人によって奴隷として競売にかけられるよりも、彼によって略奪される方を選んだ[3]。

このことは一転してご婦人方にも適用することができる。というのは彼女らとの生活は快適ではないが、彼女らなしには共和国を維持することができないからである。誰かが薬剤は嫌なものだが、それでも必要なのだと言うとき、その場合にこの格言を適用できる。

エウリピデスは『オレステス』の中で言う。

　そういったものは不快だが、不可欠だ[4]。

プリニウスが第18巻6章で伝えている神託もこういう形式と異質ではない。彼は言う、「どういう仕方でわたしたちは畑をもっとも有効に耕すべきでしょうか。神託は〈悪人たちによって、善人たちによって〉と答えた。謎めいたこの返事には、畑はもっとも出費のかからないように耕作すべきだということが示唆されている」[5]と。

3）　ゲリウス『アッティカ夜話』4, 8, 1-6; キケロ『雄弁家』II, 268.
4）　エウリピデス『オレステス』230.
5）　プリニウス『博物誌』18,(6), 39.

20
「魚のように物言わない」

Magis mutus quam pisces（I, 5, 29）

　「魚のように物言わない」というのは全く上手に話すことができない訥弁の人たちについて述べた格言的な比喩である。それはまた格別に寡黙な人たちに当たっていよう。ホラティウスは『抒情詩集』の中で言う。

　　もし気に入れば白鳥の歌を
　　物言わぬ魚にも与えることができようものを[1]。

　なかでもアザラシのようなごくわずかな例外を除いて、魚は声を発しないから。ルキアノスは「無知な者に抗して」の中で「それどころか真にお前は魚よりも物言わぬわい」[2]と言う。また『雄鳥』では「わたしは魚よりずっと物言わぬであろう」[3]と言う。そんなわけでプルタルコスは『饗宴』の中で次のように考える。ピュタゴラス派は魚に手を出さなかった。彼らは魚を沈黙のゆえにあたかも彼らの学派に所属するもののように認めていたから[4]。沈黙は生けるものの類

---

1) ホラティウス『抒情詩集』4, 3, 19ff.
2) ルキアノス「無知な者に抗して」16.
3) ルキアノス『雄鳥』1.
4) プルタルコス『饗宴』8, 8, 728e.

20 「魚のように物言わない」

の中で魚たちに固有の性質であるから。というのもその他の生物は何であれ彼ら自身の声をもっているからである。鳥たちはとても多くの鳴き声をもって鳴く。そのあるものらは人間の話も真似る。もしわたしたちがプリニウスを信じるなら[5]，とりわけ地上の生物の中でエジプトにいるマンチコアもそうである。ただ魚だけに声がないのだ。アリストテレスはその理由を挙げて，魚には肺がない，気管がない，喉もない，と言う。何かあるうるさい音やひゅーひゅーする音を発するものが幾つかある。それらの中にはイルカ，リラ（ホウボウ），コルビナとウオカがいる（声を発するためそのように呼ばれたと思われる。それはメルキュリウスには神聖なものだとアテナエオスは第7巻で記録している[6]）。しかしホタテ貝は自然的な声の装置によって声を発すると彼は考えるが，それはエラをこすることによってか，腹のまわりにある内的な装置によって生じる[7]。

プルタルコスは魚がギリシア語でイクトリウスと呼ばれるのは，締めつけられた声をもっているからであると考える[8]。またルキアヌスは『ヘルキオン』の中で「水中に暮らす生物は確かに物言わぬから」[9]と言う。

またアテナエオスは『食卓の賢人たち』第8巻[10]でパトラエのムナセアスという著者を引用する。この人はアルカディアの川，クリトルウスの中に声を出す魚がいると伝えている。同じく彼はフィロステファヌスを引用する。この人は

---

5) プリニウス『博物誌』VIII, 107.
6) アテナエオス『食卓の賢人たち』VII, 287a.
7) アリストテレス『動物誌』IV, 535b, 14ff.
8) プルタルコス『饗宴』8, 8, 728e.
9) ルキアヌス『ヘルキオン』1.
10) アテナエオス『食卓の賢人たち』VIII, 331de.

エラスムス『格言選集』

フェネウスの町を貫流するアオルノス河には「ツグミとよく似た声のポエキリアスと言われた魚がいる」と書いていた。しかしアリストテレスはパパガイ魚とアザラシのほかにはすべての魚に音声を認めない[11]。だが古代の人たちは魚のことを，声を発することができなかったから，エロッパと呼んでいた。イレスタイというのはエイルゲスタイと同じく限られたとか圧縮されたという意味である。つまり閉じ込められる意味である。また声もそうである。そんなわけでテオクリトゥスにおいても魚を釣るという代わりにエロピエウエインと言う[12]。アテナエオスは，ピュタゴラスの弟子たちは他の動物を全く食さなかったのではなく，その中のいくつかを食べ，あるものを犠牲として捧げたが，ピュタゴラスが教えた沈黙〔エクスエムウティアン〕の故に魚だけは神聖なものとして試食しなかった，と付言する[13]。

---

11) プルタルコス『饗宴』8, 8, 728e.
12) テオクレトゥス『牧歌』I, 42.
13) アテナエオス『食卓の賢人たち』VII, 308c.

21
「自分の影におびえる」

Umbram suam metuere（I, 5, 65）

　「自分の影におびえる」という格言は，危険が全くないのに，子供のように怖がる人のことを指して言う。これはふと自分の身体の影を見ると直ちに仰天してしまう人たちから転用されたのである。あるいは，アリストテレスが述べているように，ある種のメランコリーで悩んでいる人たちから転用されている。この人たちは視力が弱いため辺りに漂っている風を何か自分自身の像のように知覚しており，自分の亡霊を観ていると考えてしまう[1]。

　プラトンの『パイドン』に登場するソクラテスは言う，「しかしあなたは，よく言われるように，あなた自身の影におびえている」つまりあなた自身に疑念を抱いている，と[2]。クゥイントゥスはキケロに執政官の職について尋ねて言う「まことにもう一人はどんなに有名な人物なのか。まず第一に，彼はカテリーナと同じ貴族の生まれである。偉大な人物ではないだろうね。だが勇敢さで勝っている。そうはいってもマーニウスよ，あなたは自分の影におびえる人を軽蔑するであろう」[3]と。この箇所は写本を見ると一語だけで

1）　アリストテレス『動物誌』IV, 535b, 14ff.
2）　プラトンの『パイドン』101d.
3）　クゥイントゥス，キケロ『訴訟の備忘録』2, 9. 引用の仕方は不正

なく原文が損なわれている。プルタルコスは『食卓の談話』第10巻の7で,「影という名に尻込みし,不快に思う人は,影を怖がっているように思われる」[4]と言う。ところが彼ら自身が宴会の主人に呼ばれていたのではなく,招かれた人に随伴して〔影武者として〕宴会にやってきたのだ。

確で修正不可能と言われる。
  4) プルタルコス『道徳論集』709C.

22

「靴屋はサンダルを超えてはならない」

Ne sutor ultra crepidam (I, 6, 16)

　これ[1]とよく似たのが「靴屋はサンダルを超えてはならない」という格言である。つまり誰も自分の仕事や職業とかけ離れたことについて判断を下さないようにしなさいということだ。この格言は確かに高名な画家のアペレスから生まれたものである。この人についてプリニウスは第35巻10章で次のように書いている。「この人は仕事を完成させると店に出てきて，通行人たちに絵を展示して，自分は画板の背後に隠れて，自分が評価するよりも民衆の入念な判断によって気づかれた欠点を盗み聞いたものであった。すると人々は靴屋によって絵に描かれたサンダルの内側をほんの少し修正するように指摘したそうである。次の日になると最初の忠告によって修正されたので，〔それを知った〕靴屋は高慢になって足の描写までからかうようになった。気分を損ねたアペレスは辺りを見回して，靴屋が自分のサンダルを超えて判断しないように命じた。この言葉が格言となった」[2]。ここまではプリニウスの言葉である。

　これとよく似ているのがアテナエウスが語る物語である。

---

1) エラスムス『格言集』1, 6, 15 を指す。
2) プリニウス『博物誌』35,(10), 84ff.

キタラ奏者のストラトニクスは彼と一緒に音楽について論じていた一人の職人に「あなたは槌を超えたことを語っているのに気づいていません」[3]と言った。

　彼〔プリニウス〕の甥が手紙の中に書いていることもこれに属する。「大家の作品について，自分自身も大家でないなら，誰も適切な判断を下すことができない」[4]。またアリストテレスは『ニコマコス倫理学』第1巻で「各人は自分が修行を積んだ事柄において適切に評価する人でありうる」[5]と言う。また『自然学』第2巻で「彼は盲人のように色彩について論じている」[6]と書いている。誰かがよく知っていない事柄について論じるたびごとに，これらの言葉は現代の学者たちのもとでは格言として行き渡っている。クインティリアヌスの著作にあるフブリス・ピクトルの発言「芸術家だけが彼らの芸術について判断を下すならば，芸術にとって幸いな時代となろう」[7]も同じ考えを述べているとすべきである。

---

3) アテナエウス『食卓の賢人たち』VIII, 351a.
4) プリニウス『書簡集』1,10, 4.
5) アリストテレス『ニコマコス倫理学』1, 1094b, 27ff.
6) アリストテレス『自然学』2, 193a, 8ff.
7) クインティリアヌス『書簡集』66, 9, 2.

23

「神々は自らを助ける者を助ける」

Dii facientes adjiuvant.（I, 6, 17）

　ワローはその著作『農耕の仕事』の第 1 巻で言う，「人々が語っているように，神々は自らを助ける者を助けるのですから，神々にわたしは最初に嘆願します」[1]と。彼は神の助けが怠惰な人たちにではなく，勤勉な人たちと精一杯に努力する人たちに助けとなるのが常であるとほのめかす。これに対しわたしはこれらの言葉をホメロスの歌詞に関係させるべきだと思う。その言葉はもう格言風になっている。

　　テレマコスよ，あることについて自らの精神で熟考しなさい。
　　他のことについては神霊が示唆して下さるでしょう[2]。

　キケロは『アッティクス宛書簡集』の第 9 巻でこの言葉を使っている。「わたしたちはすべてを準備なしに行わねばならならない。しかし〔詩人が言っているように〕あることは自分で考案し，他のことはフォルス（運命の女神）自身が

1）　ワロー『農耕の仕事』I, 1, 4.
2）　ホメロス『オデュッセイア』III, 26-27.

示唆してくれるであろう」[3]。

---

3) キケロ『アッティクス宛書簡集』IX, 15, 4.

24
「わたしたちを超えているものは，
わたしたちには関係がない」

Quae supra nos, nihil ad nos （I, 6, 69）

　この格言は天上の事物や自然の神秘について好奇心をもって穿鑿することをやめさせたソクラテスの言葉である[1]。ラクタンティウスの『神の教義』第3巻20章で格言としてそれは引用されている。彼は言う，「それらの中からわたしはすべての人によって認められている一つを選びだそう。ソクラテスはこの格言，〈わたしたちを超えているものは，わたしたちと関係がない〉をモットーにしていた」[2]と。この格言は君主の義務とか神学の秘儀についてでたらめに語っている人たちに適用することができる。また，それに反しそれを転倒させて「わたしたちの下方にあるものはわたしたちに関係がない」とも言うことができる。これでもってわたしたちは，それを配慮するのがあまりに無意味であることを表明する。

---

1) ディオゲネス・ラエルティウス『哲学者列伝』2, 21.
2) ラクタンティウス『神の教義』III, 20, 10.

25
「汝自身を知れ」

Nosce teipsum.（I, 6 , 95）

　知者たちのすべての発言の中でもっとも有名になった三つの格言[1]はこの処生知に所属している。この格言はプラトンが『カルミデス』の中で証言しているように[2]，デルフォイ神殿の扉に神にふさわしい格言としてギリシア都市同盟の代議員たちによって刻まれたようにまさしく思われる。

　三つの格言の第一は「汝自身を知れ」である。そこでは慎み深さと中庸とが推奨されている。それはわたしたちが大きすぎるものや，無価値なものを追求しないためである。なぜなら，ここからすべての人の生活にとって疫病が発生し，各人が思い違いをし，自己愛の悪徳のゆえに不当な仕方で，他人に対しては不当に否認したものを，自分の責任に帰さないためである。

　キケロはその友クイントゥスに宛てた手紙の第3巻で言う，「あの有名な〈汝自身を知れ〉という格言は，傲慢を抑えるためにだけ言われたと考えてはならない。それはまたわたしたちが自分の長所を知るようになるためである」[3]と。

---

　1)　三つの格言とは「汝自身を知れ」（I, 6, 95）「何事も過度であってはならない」（I, 6, 96）「貸しは憂慮をもたらす」（I, 6, 97）を指す。
　2)　プラトン『カルミデス』164d ff.
　3)　キケロ「クイントゥス宛の手紙」断片 3, 5, 7.

25 「汝自身を知れ」

格言的な文章の中には次のような六行詩が伝承されている。「汝自身を知れというのは，どんな場合でも役に立つ」。

ノニウス・マルケルスは「汝自身を知れ」という表題のワァロの諷刺文から引用する[4]。

オウィディウスは『恋の手ほどき』にはこうある。

> 各人に自身を知るように命じるこの有名な碑文は世界中に広められている[5]。

ユウェナーリスには「汝自身を知れという銘は天から降ってきた」[6]とある。

オウィディウスはこの銘の作者がピュタゴラスであると述べている。プラトンの著作に登場するソクラテスはアポロンに発すると考える。パイドロスの中でプラトンは「わたしは未だデルフォイの碑文にしたがって自分自身を認識できない」[7]と言う。ある人はこの格言も大洋のようなホメロスから借用されたと判断する。なぜならホメロスでは他のすべてに攻撃をしかけるヘクトールが，アイアスを自分に優る者として認識して避けていたから。たとえば詩人は次のように言う。

> テラモンの息子アイアスと交戦するのを彼は避ける[8]。

---

4) ワァロ「断片」199.
5) オウィディウスは『恋の手ほどき』II, 449ff.
6) ユウェナーリス『諷刺詩』11, 27.
7) プラトン『パイドロス』229e.
8) ホメロス『イリアス』XI, 542.

エラスムス『格言選集』

　ディオゲネスはこの格言をタレスに帰している。それを『哲学者列伝』の中でアンティステネスは巫女フェモノエのものとみなすが、その他ではチロンが盗用したと言う[9]。

　だがタレスは尋ねている。「〈何が難しいのか〉それは〈汝自身を知ること〉、〈何がやさしいか〉それは〈他人に忠告すること〉である」[10]と。

　マクロビウスは『スキピオの夢』の注釈第1巻の中で、「どの道を通って幸福に到達できるのか」とデルフォイの神託に助言を求めた人について、その人が「もしもあなたが自分自身を知っているならば」という仕方で答えられた次第を物語っている[11]。だがその神託はクセノフォンが『キュロス王の教育』で報告しているように、クロエススにも与えられた[12]。ギリシア語の格言集がアンティパネスから次の六詩脚を引用している。

　　優れた人よ、もしあなたが死すべき人であるなら、あなたは人にふさわしいことを考えて行動しなさい[13]。

　同様にピンダロスも同じ原則を「死すべきものは死すべき者にふさわしい」と表現した[14]。デモナックスはいつ哲学することを始めたのかと問われたとき、「自分自身を知り始めた後に」[15]と答えている。ソクラテスはアポロンの神託に

---

9) ディオゲネス『哲学者列伝』I, 40.
10) ディオゲネス『哲学者列伝』I, 36.
11) マクロビウス『スキピオの夢』I, 9, 2.
12) クセノフォン『キュロス王の教育』VII, 2, 20.
13) アンティパネス「断片」289.
14) ピンダロス「イストミア」5, 16.
15) デモナックスは紀元前2世紀の犬儒学派の哲学者。

25 「汝自身を知れ」

よって,ギリシアには多くの知者たちがいたのに,彼だけが知者であると判断されたことを,次のように解釈した。すなわち他の知者たちは知らないことを自分は知っていると公言していたのに対し,彼はまさにそのことさえも知らないことを知っており,この一事のみを知っていると公言する点で彼らを打ち負かした,と[16]。その他ではアナクサルコス[17]はこのソクラテスの慎み深さを凌駕していた。そのわけを彼は,何も知っていないことさえも知らないからだと説明した[18]。

喜劇作家のメナンドロスにはある登場人物をしてこの万人にもてはやされた格言を修正させている。

> この汝自身を知れという格言は,多くの点で誤っていると思われる。
> 他の人たちを知れと言うほうがもっと役立っていたであろう[19]。

---

16) プラトン『ソクラテスの弁明』21d；ディオゲネス『哲学者列伝』II, 37 参照。
17) アナクサルコスはギリシア懐疑主義の先駆者で,哲学者ピロンやカルネアデスの祖であった。
18) ディオゲネス『哲学者列伝』IX, 58.
19) メナンドロス『断片』203.

26
「何事も過度であってはならない」

Ne quid nimis（I, 6, 96）

　次の格言もほぼ同じことを別の言葉でもって捉えている。すなわち「何事も過度であってはならない」。この格言は確かに民衆によってとても親しまれているので、テレンティスは『アンドレイア』の中で[1]彼の解放奴隷の一人ソシアスがそれを述べているのを認める。ディオゲネス・ライエルティウスはこの格言をピュタゴラスに帰している[2]。アリストテレスはその『弁論術』第3巻でピアスをその提唱者と呼んでいる。彼は若い人たちについて論じ、彼らが過度の情熱を懐いて至るところで罪を犯していると言う。というのも彼らは愛においても憎しみにおいても一様に過度であるから。老人たちはそれとは相違する。アリストテレス自身の言葉を使っていうと、「ピアスの忠告に従って、いずれ憎むことになると思って愛し、いずれ愛することになると思って憎むのである」[3]。ライエルティウスの証言[4]にしたがってこの格言をタレスに帰す人が多くおり、ソロンに帰する人もいる。プラト

---

1) テレンティス『アンドリア』61.
2) ディオゲネス『哲学者列伝』I, 41.
3) アリストテレス『弁論術』II, 1389b, 23.
4) ディオゲネス『哲学者列伝』I, 41, 63.

26 「何事も過度であってはならない」

ン[5]はある箇所でエウリピデスからこの格言を引用する。ホメロスに発しているとする人たちもいなくはない。ホメロスの『オデュッセイア』には次のような詩句がある。

> わしでなくとも客を迎える者としては，あまりに厚遇するのも，あまりに冷遇するのもわしには感心できぬ。何事もほどほどなのがよいと思う[6]。

同じく『イリアス』第 10 巻にはこうある。

> テュデウスの子よ，わしを誉めるのもけなすのも良い加減にしてくれ[7]。

わたしはヘシオドスに注目してみたい。彼の『仕事と日』という作品には次の文章がある。「ほどほどということを心して守れ，何事につけ適度が一番善い」[8]。

プルタルコスが引用したピンダロスには，「賢者たちは〈何ごとも過度であってはいけない〉という格言をことのほか称賛していた」[9]とある。ソフォクレスの『エレクトラ』には次のようにある。

> あなたは憎んでいる人をとりわけ過度に苦しめてはならない。だが忘れやすい敵を軽視してはなりません[10]

---

5) プラトン『ピレボス』45d-e。
6) ホメロス『オデュッセイア』XV, 67-71。
7) ホメロス『イリアス』X, 249.
8) ヘシオドス『仕事と日』694.
9) プルタルコス『道徳論集』116d からの引用。
10) ソフォクレス『エレクトラ』177.

エラスムス『格言選集』

　プラウトゥスは『ポエヌゥルス』で「姉妹よ，適度こそあらゆることで最善です」[11]と言う。これに関係するのがホメロスの『イリアス』第 13 巻にある次の言葉である。

　　あらゆることに，眠りや愛，魅力的なキタラと上品な輪
　　舞にも，人は飽きてしまうことが起こってくる[12]。

　ピンダロスは『復讐の女神メネシス』でこれを真似して，「密のような甘美にも，愛すべき花のウェヌスにも飽きが来る」[13]と言っているようにわたしには思われる。プリニウスの『博物誌』第 11 巻には「だが生活のすべての局面で最も危険なのは過度である」[14]とある。ホラティウスは次のように言う。

　　物事には限度がある。つまり確かな限界がある。
　　正しいものはこちら側にもあちら側にもない[15]。

　そしてさらに言う。

　　徳というものは諸々の悪徳の真ん中にある。両方から離
　　れて獲得される[16]。

　フォキリデスは次のように言う。

---

11) プラウトゥス『ポエヌゥルス』238ff.
12) ホメロス『イリアス』XIII, 63ff.
13) ピンダロス『メネシス』7, 52.
14) プリニウス『博物誌』XI, 289.
15) ホラティウス『風刺詩』1, 1, 106f.
16) ホラティウス『書簡集』1, 18, 9.

26 「何事も過度であってはならない」

すべてにおいて適度が最善である[17]。

またアルフェイオスは墓碑銘で次のように言う。

> この〈何事も過度であってはならない〉はわたしをはなはだ喜ばせる[18]。

クウィンティリアヌスは他のすべてのものにおけると同様に弁舌においては適度が大切であると書いていた。終わりにプルタルコスは『カミルス』の中で神々に対する軽蔑と迷信の真ん中に敬虔があることを次のように教えている。「だが人々が言っていること，つまり敬虔と何ごとも過度でないことが最善である」[19]。神に対する愛を除けば，あらゆることにおいて人が過度によって罪を犯しえないものはない。アリストテレスも他の言葉を使って，つまり神の代わりに知恵を入れて，このことを認めている[20]。

アテナエオスが『食卓の賢人たち』の中である詩人から引用した詩句もこれに属している。

> あなたが適度にたしなむなら，酒はあらゆる心配を人間の心から駆逐する。だが度を超すならあなたを害するであろう[21]。

---

17) フォキリデス『文集』36（多くの格言が間違って彼のものとされている）。
18) 「ミティレーネのアルフェイオス」『パラティウム詞華集』9, 110.
19) プルタルコス「カミルス」6, 4（『対比列伝』所収）。
20) アリストテレス『エウデモス倫理学』VIII, 1249b 16；『ニコマコス倫理学』X, 1177a 12.
21) アテナエオス『食卓の賢人たち』II, 37b.

27
「酒中に真実がある」
（酔うと本当のことを言う）

In vino veritas（I, 7, 17）

　「酒中に真実がある」。この格言は古典作家たちのもとで至る所で使われており，酩酊が心のごまかしを取り除き，胸中に隠されていることは何でも明るみにもたらすことを意味する。それゆえ聖書は酩酊が支配するところには秘密が守られないので，酒を王たちに与えることを禁じている（箴言 31・4 参照）。プリニウスは『博物誌』14 巻 22 章で「酒は心の秘密をあばくほどまで作用するので，杯を重ねるうちに人々は死をもたらすものを語り，確かに〔語ったことが〕跳ね返ってきて，のどを切られても，その声を抑えることができない」と書き，付言して「酒の中に真実が付与されていると一般に言われている」[1]と言う。真実を見いだすために拷問する必要はない，なぜなら酒によってもっと効果的に真実が引き出されるから，と言った或る優れたペルシア人のことばもよく知られている。ホラティウスは抒情詩の中でそれを認めている。彼は言う。

　　あなたは穏やかな苦痛を巧みに用いて
　　ときには過酷な苦痛でもって，知者たちの

1）　プリニウス『博物誌』XIV, 141.

27 「酒中に真実がある」（酔うと本当のことを言う）

 心配事と秘密を陽気なリアエウスの
 助言をもって明らかにする。[2]

同様に『詩論』で言う。

 王侯は相手が友情にふさわしい人物であるかどうかを
 見きわめたいと思ったなら，多くの酒杯をもって，また
 生(き)の酒で苦しめ，攻め立てるといわれる。[3]

さらに他のところでは

 酩酊が明るみに出さない何があろうか。それは秘密を暴
 露する。

この格言はアテナイオスの第2巻ではこのように表現される。「酒中に真実がある」，その理由はあまりにも多く痛飲すると自分の秘密をしゃべるばかりか，他の人たちのことをいっそう大胆に語るから。プルタルコスは「アルタックセルキスの生涯」で，ミスリダテスが酒を飲んで何かもっと不遜なことを語ったとき，スパラミカスは言う，「ミスリダテスよ，立腹しないように，ギリシア人はそれと違った仕方で〈酒中に真実がある〉等々と言っている」と。ギリシア人によってそれとは別の格言風の文句「素面の人の心中にあることは，酩酊する者の舌にもある」[4]がよく使われている。テェ

 2）　ホラティウス『抒情詩』III, 21, 13-16.
 3）　ホラティウス『詩論』434-436.
 4）　ディオゲニアヌス『格言選集』8, 43. エラスムス『格言集』II, 1, 55 参照。

エラスムス『格言選集』

オグニスは次のように言う。

  金と銀は鍛冶屋によって火で見分けられる。
  酒は人間の性質を引き出して明らかにする。

アテナエウスはエウリピデスから次の六詩脚を引用する。

  美しい形が天空から輝き，強い酒が心胸を吐露する。

彼はまたエピップスを引用する。

  多量の強い酒はあなたに多くを語らせ，
  そこで酔った人が真実を話すと人は言う。

　だが彼はまたアナカルシスの言葉をその書の第10巻で再現している。「酔った人は間違った意見を生み出し」，またすぐにひどく乱暴なことをしゃべるものだ。お客のある人がアナカルシスに「あなたはとても醜い奥さんを妻としている」と言ったことがあった。すると彼はそれに答えた「全くそのようにわたしも思う。おーい給仕さん，彼女の顔を美しくするために，もっと強い酒をもってきてくれ」と。それは愛する者に当てはまるだけでなく，酔っている人にも妥当する。テオクリトスが言っているように酔っている人は不正なものを公正だと思うからだ[5]。物事についての判断で間違う人がどうして真理を語ることができようか。だが真理はいつも虚言を反駁するだけでなく，ときには見せかけにも反対する。

---

 5)　テオクリトス『作品』6, 19.

27 「酒中に真実がある」(酔うと本当のことを言う)

とはいえ心から誠実に語ることができても,それでも彼は虚偽を語っているかも知れないし,真実に語らない人でも,言っていることが真理でありうる。

　終わりにこの格言は錯乱した酩酊のことは考えておらず,不変なことが動揺するように思われ,単純なことが複合的に思われ,間違った恥や見せかけを一掃するようなもっと穏健な酩酊のことを考えている。プラトンの『饗宴』に登場するアルキビアデスは「まずあなたはわたしがこの格言を調べてみて,〈酒は,──子どもの口はと言ってもよし,言わぬもよし,とのかく酒は,つねに真実を語らせるもの〉ということでもなければ,諸君はわたしの口から何を今さら聞こうとされるのですか」[6]と語る。これらの言葉から同じ格言が,酒についてと同じく子どもについても使われていたことが明らかとなる。このような格言は今日でも一般に生き延びており,そのため子ども・酩酊する者・錯乱した人という三種類の人からでなければ,誰からもその真理が聞かれることはない。

　この格言にわたしはあの格言的な言い回しを追加すべきだと思う。

　　滑り落ちた発言はいつも真理を告げる[7]。

それというのも予期せずに飛び出した言葉は真理であると信じられるから。ただそのときだけが虚偽ではないかとの嫌疑から免れているからである。このような言葉の転落から

---

6) プラトン『饗宴』217e.
7) 1495 年に出版されたある格言集からの引用。

いっそう確実な証拠はすべて獲られる。〔婚約させられていたヘルミオネから〕

> ネオプトレムスの名前の代わりにオレステスの名前が思わず飛び出す，
> この間違った声をわたしはさい先のよい兆候としたい[8]。

最終的にキケロは『トピカ』で〔その言葉が〕確かな証拠となるものとして子ども，睡眠，無思慮，酩酊，錯乱を挙げている。

---

8) オウィディウス『ヘロイデス』8. 115-16. ここで喋っているヘルミオネには，ネオプトレムスとオレステス二人の婚約者があり，前者は公の婚約者であり，彼女は彼から離れて，後者の名を口にする。すると彼女の心の真実が明らかとなる。

28

「一羽の燕が春をもたらさない」
（早合点は禁物）

Una hirundo non facit ver.（I, 7, 94）

　「一羽の燕が春をもたらさない」つまり徳や学識を生み出すには一朝夕だけでは十分ではない。あるいは何か一つのことをうまくなしたり，上手に語っても，あなたが義人であり，よい語り手の評価を得るのに十分ではない。というのも多くの才能がこれを仕上げるのに必要であるから。あることを確定するようにあなたが調べるには一つの推測だけでは十分ではない。とても多くのことが一致するなら，ついにはその推測は信じるに足るようになるであろう。もし本当にそうなりうるなら，それは一羽の燕の時宜にかなった飛来の状態に明らかであると思われる。そのことは春の使者である燕の自然本性から採り入れられたのである。なぜなら燕は冬が来ると飛び去っていくからである。そこからホラティウスの言葉「〔春の訪れを告げる〕西風が吹き，燕が最初に飛来するとき」[1]は来ている。それは初夏に関連する。アリストテレスは『ニコマコス倫理学』の第 1 巻で「一羽の燕が，また一朝夕が春をもたらさない。また同じくそれには一朝夕以上かかるし，短時日で幸福な人はつくられない」[2]と言う。ア

　1）　ホラティウス『書簡集』I, 7, 13.
　2）　アリストテレス『ニコマコス倫理学』I, 1098a18-19.

リストファネスも『鳥』の中で言う。

　　彼の様子では相当多くの燕が要るようだ。[3]

　この箇所の解説者はわたしたちがちょうど扱っている格言「一羽の燕が春をもたらさない」に触れてその関連を指示する。これとソフォクレスの『アンティゴネ』のあの言葉も関連しているように思われる。

　　一人が所有しているものでは一つの都市を造り得ない。[4]

　というのも，ちょうど一羽の燕が春をもたらさないように，一人だけでは共和国は造れないし，コイン一つでは富者は作れないからである。

---

　3)　アリストファネス『鳥』1417. 彼に春を与えるには一羽どころか相当多くの燕が必要だ，と言う意味である。
　4)　ソフォクレス『アンティゴネ』737.

29

「盲人が盲人の指導者である」

Caecus caeco dux（I, 8, 40）

　「盲人が盲人の指導者である」。この格言は福音書のテキストによっても広められており，それを記載することはわたしにとっていっそう喜ばしい（ルカ 6・39）。それは無知な人が無知な人を教えようとするときはいつでも，あるいは無思慮な人が浅はかな人に忠告を授けようとするときはいつでも使われるであろう。キケロは『善と悪との究極について』の最終巻でこの格言をほのめかしている。「ドルーススの家は相談に訪れる人でいつもいっぱいであった，とわたしたちは聞いている。自分たちの問題が自分たちではわからないときに，盲目の導き手に相談していたのだった」[1]と。このようにキケロは言う。というのもドルーススは法律に精通している専門家であって，身体の目では何も知覚しなかったが，精神的な目をもって他者のために予見していたから。これとよく似たものは「盲人が道を示す」というホラティウスの成句である。ホラティウスはスカエウァに「彼が盲人のように道を示すとしても，それでもあなたはそれを考慮しなさい」

---

1)　キケロ『トゥスクルム荘対談集』V, 112. エラスムスは『善と悪との究極について』を『トゥスクルム荘対談集』と見なして引用する。たとえば ASD., II, 8, 332 参照。

と言う[2]。ポルフィリオンはこの言葉をあたかも豚がミネルウァにものを教える〔つまり釈迦に説法する〕かのように考える[3]。実際，盲人が見える人に道を指し示そうと試みるときには，順序を逆にして事態が運ばれるからである。アリストファネスの『福の神』で奴隷のカリオンは自分の目が見えるのに盲目の富の神に従っている主人に立腹した。

　光を奪われ，孤児となったくだらぬ奴のように，
　ご本人は盲人の後をつけているが，
　これは当たり前とは逆さまではないか。
　目の見えるわたしたちが盲人に先立つものなのに，
　ご自分が盲人の後につき従い，わたしたちにまでそうさせている[4]。

 2）　ホラティウス「スカエウァの手紙」『書簡集』I, 17, 3-4.
 3）　ポルフィリオン『書簡集』I, 17, 3-4.
 4）　アリストファネス『福の神』13-16. 自分は目が見えるのに，盲人の「福の神」に従っている点がこの格言で揶揄されている。事情は今日においても変わりがなく，その転倒はいっそう激しい。

30
「直ちに与える人は二倍与える」

Bis dat qui cito dat.（I. 8, 91）

　わたしが誤っていなければ，セネカのどこかで「直ちに与える人は二倍与える」と読んだことを覚えている[1]。『親切な行為について』の第 2 巻で彼は言う，「与え主の手中に永くとどまっている親切な行為は報われない」[2]と。この言葉は，必要である場合には，わたしたちが友人を援助するのにぐずぐずしたり，渋々したりしないで，むしろ懇願されるに先立って自発的に尽力すべきであると警告する。ギリシアのエピグラム（警句）の中にルキアヌスという名前と肩書きがついた次のような二行連句が伝承されている。

　　素速い親切な言動だけが本当に喜ばれるが，ためらっていると，
　　その親切な言動は空しくなり，もはや親切な言動ではない[3]。

　この詩はラテン語に適切には翻訳できない。この警句の魅

1）　H．ワルター『中世におけるラテン語の格言と短文』1963-69 年, No. 2032ff.
2）　セネカ『親切な行為について』II, 1, 2.
3）　ギリシア『警句集』10, 30.

力と機知はカリス〔親切な言動〕という言葉の中にあるから。というのも，この言葉はギリシア語では，ある時は親切を意味し，ある時は何かを魅力的にする優美さを意味し，またある時には女神自身を意味するから。同じようなギリシア語の一節がアウソニウスのもとで引用されている。

　　歩みの遅い親切心は親切が欠けた親切心である[4]。

これは英雄叙事詩の巻頭の言葉であって，ある警句「遅い親切な言動は感謝されない」から取ってきたものである。アウソニウスはこれを次のように翻訳する。

　　親切が遅くなると，もはや感謝されない。なぜなら親切
　　は急いでなされるときにのみ本当に有り難いから。

さらに彼はそれを別様にも翻訳する。

　　あなたが何か善いことをしたいなら，直ちにしなさい。
　　なぜなら直ちになされるなら親切となるが，遅れた親切
　　は感謝されないから[5]。

それゆえエウリピデスの『レーソス』でヘクトルは遅れて提供された友人の援助を軽蔑し非難する。「わたしは友人を援助するのに遅くなるのが嫌いだ」[6]。これと同じ警句の中に

　4）　アウソニウス前掲書 82.316.
　5）　アウソニウス前掲書 16; 17.
　6）　エウリピデス『レーソス』333.

は次のような真に魅力的な小品がある[7]。「必要なものをあなた自身が自発的に提供するなら，二倍に有り難い」。またこれと似たものに，「欠乏している人を素速く援助する人は親切を二倍にして助ける」がある。

7） ププリウス・シルス『道徳的警句集』B 1; 1,6.

31
「ゆっくり急げ」

Festina lente. (II, 1, 1)

　「ゆっくり急げ」という格言は相互に矛盾しあう要素から成立しているので，まことに謎めいた外観を明らかに提示している。したがってそれはこの作品〔格言集〕の初めにわたしたちが明らかにした「反対を通して表現される格言」の分類に入れることができる。その例として挙げられるのは，「不幸な幸福」である。それがアリストファネスに登場する騎士によって「躊躇しないで急ぎなさい」[1]から作られたとだれかが考えたとしても，そのことはわたしには馬鹿げた推測ではないように思われる。しかもこの格言の作者が誰であっても「重複する表現」が「反対する表現」に入れ替えられたのである。

　だが，格言がもっているこんなにも適切で，かつ，こんなにも完璧な短さは，この成句の装飾とこの巧妙な暗示に並外れた優美さを付加する。この短さはそれ自身でいわば宝石の中にあるのと同じように格言を何か格別に飾っており，驚くほどに高い値を付けているようにわたしには思われる。こんなにも縮小された言葉の短さが，その中にどれほどの秘められた力と意味が含まれており，それがいかに豊かであり，い

1）　アリストファネス『騎士』495.

31 「ゆっくり急げ」

かに高尚であり，いかに有益であり，いかに全生活に広範囲に行き渡っているかを，あなたがお考えになるならば，あなたは疑いの余地なく，とても多くの数の格言の中で何かこれとは別の格言がこの格言と同じ程度にすべての柱に刻まれ，すべての神殿の入り口に書き留められる価値がない，とのわたしの意見に容易く賛同なさることであろう。しかもこの格言は黄金の文字でもって王侯の宮殿の戸に書き付けられ，首座司教の指輪に彫刻され，王の笏に刻まれるのにふさわしい。要するにあらゆる記念碑の至るところに表示され，広められ，あまねく知らされて，目の前に現れないところがないほど各自の心に絶えずちらつかせることがはなはだ役立つからである。これを遵守することは万人に計り知れないほど役立つであろう。とりわけそれは君主たちと，ホメロスの言葉で言えば「民をあずかり，さまざまに心を砕くべき身」[2]の人たちに役立つ。それゆえ，ありふれた種類の人たちがもし何かをひょっとして怠惰から見過ごしたり，無謀にも悪事を犯してしまったときでも，どんなにか損失はかるく，受けた損害も簡単な手当で償われる。だが，それに反し君主のたった一つの怠惰や一度の軽率な計画が，ああ不滅の神よ，時折どんな嵐を引き起こすことであろう，どんな人事の破滅を伴っていることであろう。

　それに反してもし「ゆっくり急げ」という格言を忘れないでいると，つまり「警戒心と柔軟性から配合されたある種の円熟と同時に控えめな態度」が備わっていると，無謀さによってだれに対しても悔いるべきことは起こらないし，怠惰によって国家の福祉に関係すると思われることを見過ごした

---

2) ホメロス『イリアス』松平千秋訳，岩波文庫，上巻，44頁。

エラスムス『格言選集』

りしないと，これに優って幸いで，強固で，安定した統治が何かありうるかとわたしはあなたに尋ねたい。しかしながら，この幸福は統治の境界によってはどこでも制限されることがほとんどない。否，それどころかあらゆる面で長く，かつ，広く近隣の民にそれは広がり，ほかでもないヘシオドスのあの言葉がどんな場合にも等しく妥当する。

　　よからぬ隣人は厄，そのごとく善い隣人はめでたき福じゃ[3]。

それゆえわたしとしてはこの格言を次のように考えたい。ほかでもないこの格言が，きわめて正当なことであるが，「王者のもの」と呼ばれるべきであるなら，たった今述べた理由によるだけでなく，また君主らの気質が事実上次の二つの悪徳に特別に感染しやすいように思われるからである。つまり彼らには幸運の支えと有り余る富，こんなにも入手しやすい快楽の誘惑，それに加えて好きなことは何でも直ぐに許されるであろうこと，要するにきわめて有毒な追従者たちの「その通りです」，どのように語られ行われようとすべてに対して賛成・拍手喝采・祝福がいつも用意されている。わたしは言いたい，これらすべてとこの種の他のものが多くの君主たちに怠惰を引き起こしても何ら不思議ではない，と。とりわけこの〔有害な〕火口(はくち)が青年の〔実り多き〕年齢とその世間知らずの仲間たちを汚染するならば，そうである。またその反対にあの君主らの気質に気力といわばライオンのような活気とが定着すると，また豊かな幸運によってそれが増大す

---

3) ヘシオドス『仕事と日』松平千秋訳，岩波文庫，52頁。

31 「ゆっくり急げ」

ると，偉大な事業計画の成功によって駆り立てられると，怒りや野心またその他この種の熱望によって点火されると，きわめて横柄な助言によって扇動されると，しばしば本筋を踏み外して連れ去られ，君主自身だけでなく，全領地の大群衆を絶望の淵にまで連れて行くことになる。とはいえ，いずれかの任務においても罪を犯さざるを得ない場合には，王が〔罪を犯すのに〕速すぎるよりも遅すぎるほうがおおよそ優っている。

ホメロスは，その叙述においては，アガメムノンの心の悪徳に対し緩和された罰を，つまり格言に言う「ゆっくりとした」罰を与えているように思われる。クリセイスが奪われたことに憤り，ブリセイスをアキレウスから奪った[4]ことのほかにはアガメムノンの目立った悪行とか激烈な悪行が報告されていない。会議中に刀を抜いて王に襲いかかろうとしたとき，せめて罵倒することで腹を立てる〔だけに止める〕ようにとパラスによって抑えられたとき，「ゆっくり急げ」という格言を遵守するようにと見なすのでないなら，彼は再びアキレウスに激しい攻撃，つまり「急げ」を行っていたであろうと思われる[5]。とはいえ君主たちが大勢集まっているところで，終わりには最高指導者となった人に向かって，あれほど多く侮辱し，はっきりと罵倒して暴れ回ったことだけでも，彼には自制心が欠けていた。

あのアレクサンドロス大王はアキレウスの真似をし，また明らかに立ち勝っていたように思われる。というのも親友に対してまで剣を抜いたほど心の衝動によって崖っぷちへと駆

---

4) ホメロス『イリアス』A, 318-347
5) ホメロス，前掲書 A, 193-211

り立てられていたからである。サルダナパルスはアガメムノンと張り合っていた[6]。しかし間隔を置くことで遙かに立ち勝るように、張り合っていた。いやそれどころか、一方を臆病にし、他方を勇敢にすることによって、この両者のタイプの間に無数のものを見いだすことができる。しかし、この格言に従って時宜を得た速度と思慮深い緩慢さを正しく混合させる人をあなたはごく少数しか見いださないであろう。ここでは多くの人の代わりに一人だけで十分である。それは「躊躇する人」という渾名をもったファビウス・マクシムスであって、彼は不滅の称賛を手に入れたばかりか、他の将軍たちが鳥占いをしない〔縁起の悪い〕早急さによって帝国を破滅に至らせたのに、彼はぐずぐず戦術でローマ人たちに国家を再建した[7]。

したがってこの格言「ゆっくり急げ」が二人のローマ皇帝に、すべての皇帝の中でも疑いなくもっとも称賛されているオクタビアヌス・アウグストゥスとティトス・ウェスパッシアヌスに、とても気に入られたのは理由のないわけではないように思われる。この両者にはある独特な心の高潔さが備わっており、それが信じられないほどの寛大さと愛想のよさとに結びついていた。このような愛すべき方法と人気のある振る舞いで彼らが万人の心を征服したとき、もしも情勢が力強い人を要請した場合には、だがそれでも多少は努力して、最大の難題を直ちに解決したのであった。

---

[6] サルダナパルスはアッシリアの王にして裕福なオリエントの支配者で奢侈な生活で有名であった。

[7] ウェルギリウス『アエネーイス』VI, 845ff.。「かのマクシムスただ一人、踏んだ二の足によって、われらが国を救う」。このようにマクシムスはハンニバルに対処した。

31 「ゆっくり急げ」

　それゆえオクタビアヌスはマクロビウスの『サテュルナリア』第6巻にしたがってアウルス・ゲリウスが『アッティカ夜話』第10巻で語っているように[8]，この格言にとても魅せられたので，いつも日常会話で頻繁にこれを使用したばかりか，その手紙の中にしばしば書き込んだ。彼はこの二つの言葉〔からなる格言〕でもって，物事を遂行するに当たって意図した迅速さと入念な緩慢さを同時に適用するように勧めた。ゲリウスはラテン語のmaturus（熟した）という一語でもってこの点が確実に語られていると考える。というのもmaturari（速やかに行われる）とは，適切なときよりも早過ぎも遅過ぎもしないで，まさにちょうど良いときに起こることを言うからである。またウェリギリウスは『アエネーイス』第1巻で「時が熟したので，わたしは逃れねばならない」[9]と言ったとき，この意味でそれを使った。

　この言葉は著者たちの間では概して「急ぐこと」と同じ意味で用いられているが，急いだとしてもあなたは適切な時を先取りすることはない。確かにあなたは急がせたものを早まったと言うことができても，その時が熟していたと言うことはできないであろう。このことはスエトニウスがアウグストゥスの伝記で次のように語っていることに一致している。「彼は完全によい指揮官にとって性急さとか無謀さほど不似合いなものはないと考えた。それゆえ彼はしばしばこう語った，〈将軍は，ゆっくりと急げ。安全に，かつ，誤ることなくことを成し遂げる人は，大胆に，かつ，自信をもつ者よりも良い〉と」[10]。ほぼこのようにスエトニウスには述べられて

---

8) マクロビウスの『サテュルナリア』VI, 8, 9.
9) ウェルギリウス『アエネーイス』I, 137.
10) スエトニウス『ローマ皇帝伝』II, 25, 4.

エラスムス『格言選集』

いる。だがこの詩句は長短格からなる四歩格のカタレクティクス〔行末格の音節が不足したもの〕であって，ある詩人から取って来たものであるが，わたしが推測するに，カエサルが自分の判断で「将軍」という言葉を書き加えたのである。その意味は上記の通りである[11]。というのも粘り強い熟慮でもってことに備えるほうが即座の決定で急がされるよりも安全であるから。

またティトゥス・ウェスパッシアヌスにこの格言が気に入ったことがとても古いあの貨幣から容易に推測される。その貨幣の一つをアルドゥス・マヌティウス[12]がわたしに見せてくれた。それは銀色の貨幣で，とても古めかしく，ローマ風の彫刻が刻まれていた。彼がわたしに語ったところによると，それはヴェネティアの貴族ピエトロ・ベンボから彼に贈られたものであった。この人はとても卓抜な教養を修めた若い人であり，すべての古典文学の熱烈なる探求者である。貨幣の銘刻の一つの面にはティトゥス・ウェスパッシアヌスの肖像が名前と一緒に示され，もう一つの面にはその真ん中にイルカが棒のように巻き付いた錨が示されていた。この象徴が示そうとする唯一の意味は，あのアウグストゥス皇帝の格言「ゆっくり急げ」である。このことをわたしたちは象形文字で記録された文字から密かに告げられる。

謎のように彫刻された文字は象形文字と呼ばれ，その多くは大昔の人たちによって，特にエジプトの占い師たちや祭司

---

11) この一文は意訳であって，ここには「将軍」からはじまる先の詩句のラテン訳が記されている。というのは先の詩句はギリシア語の原文から引用されており，「将軍」はその最後にカエサルによって追記されたというのがエラスムスの考えである。
12) アルドゥス・マヌティウスはヴェネティアの印刷業者である。

31 「ゆっくり急げ」

たちによって使われていた。というのも彼らは知恵の神秘を，わたしたちも行っているように，一般の書物で俗世の民衆に伝えることはできないと考えていたからである。しかし彼らは何かを知らせる価値があると判断した場合には，さまざまな動物や事物の表現でもって，誰にでも直ぐには推測することができない仕方で，それを再現しようとしたのである。だが，もし〔刻まれた〕個々の事物の特性や各々の動物の独特な本性的な意味を認識し，かつ十全にそれを把握するならば，その人はそれらの象徴を組み合わせて解釈することによって，ついにその意味の謎を解いていたのである。たとえばエジプト人たちが，太陽と同一視している，彼らの神オシリスを表わそうとするとき[13]，彼らは笏を刻みつけ，その上に目の輪郭を描く。こうして彼らはオシリスが神であることを確かに告げ知らせ，王権がすべての上に立ち，すべてを見下ろしていることを暗示する。なぜなら古代人はユピテルの目を太陽と呼んでいたからである。ほぼこのようにマクロビウスは『サテュルナリア』第１巻で述べている[14]。その年のことを彼らは説明し，尾をその口に入れたまま巻き付いた蛇を彼らは鋳造したが，それによってその年も同じ時間のリズムでもって反復されていつものように経過することを告げているのだ，と。それゆえセウェリウス[15]は，ギリシア人の間で年にエニアウトス[16]という語が割り当てられ，ウェルギ

---

[13]　オシリスを太陽と同一視することに関してエラスムス『格言集』III, 3, 15 参照。

[14]　マクロビウス『サテュルナリア』1. 21. 12 以下。

[15]　セウェリウス『アエネーイス注解』V, 85.

[16]　「エニアウトス」というギリシア語は「エン」（おいて）と「アウトス」（それ自身）を組み合わせたもので，「それ自身において」を語源的に意味する。

97

リウスが「そして年〔季節〕はそれ自身においてその軌道を巡って回転する」[17]と言うときこのことを考慮していたと主張する。

エジプト人のホルスがこの種のシンボルについて書き残した二つの著作は[18]，蛇の彫刻模様が年ではなくて，生涯を再現しているが，年を表わす像は，あるときは〔女神〕イーシスであり，またあるときはフェニックスである，と報告している。これらのことについてギリシア人の間ではプルタルコス[19]がその『イシスとオリシスについて』という論文において，カエレモンがスゥイダ[20]の証言にもとづいて書いている。この人の著作からわたしは少し前にこの種の記念碑で気づいたことが取上げられて〔説明されて〕いると推測する。この記念碑の中には次の絵が見られる。まずはじめに輪が，次に錨が，その中央には前に言ったように，イルカが巻き付かれて，体をよじった姿で描かれる。輪というのは，それに添えられた説明によると，終わる区切りがないので永遠の時間を意味する。錨は船を留め，つなぎ止め，停止させるがゆえに，緩慢を意味する。イルカはどの〔海の〕動物よりも速く走り，それよりもすばしっこいものはないので，迅速さを表現する。これらを上手に組み合わせると，「いつもゆっくりと急げ」という命題をもたらすであろう。

さらに，この種の〔象徴的な〕文言(もんごん)は，単に大いなる尊厳をもっているだけでなく，わたしが前に述べたように，ひと

---

17) ウェリギリウス『田園詩』II, 402.
18) その書名は Ori Apollinis Niliaci Hieroglyphica であり，1505年にヴェネチアのアルドゥス出版社から出ている。そこにはイシスとフェニックスの説明も出ているようである。
19) プルタルコス『道徳論集』351-84.
20) スゥイダ『作品』X, 170.

31 「ゆっくり急げ」

たび事柄の本質を完全に洞察するならば，独特な魅力をもたっぷりもっている。そしてこのことは一方において自然の事物とその関連とを注意深く観察することによって，他方において自由学芸の〔専門的な〕知識によって達成される。

たとえば『自然学講義』と題するアリストテレスの著作[21]の読者は，物の大きさ・運動・時間の間にはある種の比率と類似性が適切に保たれていることを知るであろう。というのもこれらの三者が各々一つの同じ物に存在するからである。一方において時間が運動に不可分に結びついているなら，他方において運動が物の大きさに密接に結びついているから。空間的な広がりにおいて点であるものは，この〔今という〕瞬間において時間の中にあり，インパルス〔衝撃・推進力〕が運動の中に起こっている（もしわたしが運動の中の最小のものでもはや分割できないものをこのように呼ぶことがゆるされるなら，また事柄について意見の一致をみるなら，言葉に関して苦労しなくてもよいなら）。したがって，もし今や直線に中に特定の広がりを考察できるなら，あなたは二つの点を認めるであろう。その一つは単に出発点であり，もう一つは終点にすぎない。つまり直線の長さがそこからはじまり，そこで終わるものである。この直線において運動のことを考えると，同様に二つのインパルスを見いだすであろう。一つはそこから運動が起こってくるものであり，もう一つはそこで運動が終わるものである。そのためには，そこから運動が単に始まる出発点と運動が単に終わる終点とがなければならない。運動は必然的に時間を伴っている。時間はある意味で運動の物差しである。この運動をそれだけ個別に考察すると，

---

21) アリストテレス『自然学』IV, 10-11(218ff.).

（このように言うことが許されるならば）二つの瞬時が，つまり一つは時間の開始点であり，他はその終点であるものが見いだされる。だが，さらに同じ直線に戻ってそこに拡がっている個々の瞬時および開始点と終点との中間に介在する運動のインパルスを考察すると，これらはそれぞれがいわば二重の性質をもっていることが分かる。これら〔中間にある運動のインパルス〕は出発点との関連では終点であり，終点との関連では出発点である。それゆえ〔直線の〕広がりが終わるとき，そこでは同時に運動が終わり，時間も終わらねばならないことになる。しかし，その広がりが，同時にそれが終わりでないような出発点をもっていても，また同時にそれが出発点の機能をもちえない終点をもっていても，それ自身は有限である。このことは円とか球体を除くと，すべての形象において起こる。円とか球体においては本来的な意味で出発点と言いうる確かな点は存在しない。同様にそのように呼ばれる唯一のものであるような終わりも存在しない。それゆえ，いかなる瞬時もインパルスも同様な意味では存在しない。そこから結論されるのは，この〔円や球体の〕形態においては広がりに終わりがないし，運動に終わりがないし，時間に終わりがない，ということである。さらに広がりのどのような点においても同時に出発点と終点でありうる場合には，広がりは必然的に無限である。同じ理由でどのようなインパルスでも，それが同時に運動の出発点と終点でありうるならば，運動は明らかに無限である。終わりのどの瞬時も同時に時間の出発点であり，終点でありうるならば，そのとき時間〔の持続〕は無限でなければならない。しかしわたしたちが無限の時間〔持続〕を永遠と呼ぶならば，それは永遠の運動に一致する。そして永遠の運動はさらに永遠の広がりを必要とす

る。わたしたちはこれら〔の考察〕を天球や円の広がりに対してでなければ，適用することができない。そこからある哲学者たちは宇宙の永遠性を推論したのであるが，それというのも彼らは宇宙と星座の全体が天球的であり，同じくその運動も天球的であることに気づいたからである。さらにこの種の広がりには循環法則が適合しているばかりか，この広がりに内属する運動は一種の円である。同様にこの運動を計る時間は，アリストテレスがその『自然学』第4巻[22]で証言しているように，円と呼ばれることを拒絶しない。したがって，このことやこの種の他のことを哲学者たちの学説〔つまり研究〕から徹底的に学んだ人は，どうしてエジプト人たちが永続する時間を言葉で表現するために円を選んだかを容易に洞察するであろう。

　さて，わたしたちはイルカの意味と本性について少しばかり考察したい。大家たちはイルカが信じられない速度と驚くべきインパルスでもって他のすべての生き物に遥かに立ち優っていると報告している。それゆえオピアヌスは『魚の本性について』第2巻の中でイルカを普通の種類の鳥ではなく鷲と比較する。

　　というのも鳥たちの中で鷲は速さの点で王者のような
　　著しい栄誉をもち，他のすべてを凌駕するし，
　　肉食動物の中でライオンよりも残忍である。
　　這う動物のすべては獰猛な竜のようにそれを避ける。
　　同様にイルカもずば抜けた活力で魚の王者である[23]。

---
22) アリストテレス，前掲書，同頁。
23) オピアヌス『魚の本性について』II, 539ff.

さらにオピアヌスはイルカを矢と比較する。

　なぜならイルカは矢で射たように広い海原を飛ぶ[24]。

そして終わりには風と，もしくは嵐や暴風雨と比較する。

　ときには嵐のように高い大波を貫いて突進する[25]。

　プリニウスは『博物誌』の第 9 巻 8 章においてアリストテレスにしたがってこれと全く同一の見解を繰り返している[26]。彼は言う，イルカはすべての生き物の中でもっとも敏捷であり，どんな海に住む類の生物のみならず，どんな翼をもつ類の生物よりも速く，どんな飛び道具よりも鋭い，と。だがその独特の速さはとりわけ次のような証拠から推察できよう，と彼は言う。口が鼻面から隔たった離れたところにあって，確かに腹のほぼ中頃にあるが，仰向けになったり，回転したりしないと魚を捕えることができないので，それは魚を追跡するためには相当邪魔になるに相違ない。そうはいってもどんな魚もイルカの速さから逃れることはできない。イルカ自身はこの本性の才能をよく知っており，驚かせようとするかのように，あるいは楽しむために，しばしば満帆疾走する船と競争したりする。というのもイルカは人間に対してとくに友好的であって（イルカは中でも子どもが好きであると多くの人が言う），そのため人間にはそれに優って危険な動物はない，ワニに対しては不倶戴天の敵であ

---

24) オピアヌス，前掲書 II, 535f.
25) オピアヌス，前掲書 II, 587.
26) プリニウス『博物誌』IX, 20-9.

31 「ゆっくり急げ」

るから。それゆえイルカは他の生き物よりも人間をこわがらない。それどころか船の近くにやってきて，小躍りしては飛び跳ね，船と競争して最速の帆船にも勝ってしまう。いやそれどころかイルカがラテルナ湖でボラを追跡して，どんなに敏捷に，またどんなに巧に泳いで，つまりどんなに人間に好意をもっているかということを立派に証明してみせた。本当にわたしはイルカの信じられないほどの活力について今何と言ったらよいのか。飢えに掻き立てられるとイルカは逃げる魚を海の底まで追跡し，いっそう長い時間息を保ち，再び呼吸するために弓から飛び出す矢のようにとても力強く跳び上がるので，しばしば一跳びで一陣の風のように帆を張った船の上を飛び越してしまう。したがって，あのような強力で，不屈な生命力の激しさを叙述するためには，どのようなシンボルがイルカに優って適切でありえたであろうか。

遅さと躊躇の考えを伝えるために人々が魚をエクセネイス〔船にくっつく〕，ラテン語でレモラ〔遅延〕と呼んだのは不適切ではなかった[27]。しかしその姿を捉えることはとても難しいと考えられたので（なぜならその大きさがとても小さいばかりか，目立った特徴を備えていなかったから），この〔遅さと躊躇を表わす〕ために錨がシンボルとして選ばれた。錨は風がひどくなって来て航海が危険となると，船の過度の速さを抑え，かつ，船を引き止める。

だからこの格言「ゆっくりと急げ」は大昔の哲学の隠された深みから発生してきたように思われる。それゆえ，この格言は二人の称賛すべき皇帝たちによって受け入れられた。そ

---

27) エクセネイス，ラテン語のレモラ〔遅延〕は船体にくっつくと船を遅らせることができる小判鮫のような神話的な生き物を言う。プリニウスの『博物誌』にはそのように書かれている。

エラスムス『格言選集』

の一人は座右の銘として、もう一人は紋章として使った。それは両者の性格と特性に驚くほど適合していた。

そして今やこの遺産はローマ市民アルドゥス・マヌティウスに、三代目の相続人のように、引き継がれた。彼は言う。

> 確かにそれは神々の御意向や御意志を示しているとわたしには思われる[28]。

というのも、かつてローマ皇帝ティトス・ウェスパッシアーヌスのお気に召したこの〔格言の〕標識を名高くしたのは彼であり、それは今や名高い貨幣の像[29]として世界の至るところで知られ、愛されている。そこにはいつも人文学を熟知し、尊重する人たちがいたのである。だが、わたしはこのシンボルが皇帝の硬貨に刻まれて、商人たちの手ですり減らされながら手渡されていたときよりも輝いていたとは思わない。同じく今でもそれはすべての国民に、キリスト教帝国の境界の外にまで拡がり、認められ、〔ギリシア語とラテン語という〕二言語で書かれたあらゆる種類の書物とともに知られ、人文学を神聖なものとして崇める人たちによって称賛されている。その際、わたしはとりわけこの時代の野蛮で粗野な学業を嫌悪し、真実な古代的な教養を志望する人たちのことを考える。それを再建するためにこの人は確かに生まれており、いわば運命そのものによって送り込まれ、かつ刻まれたように思われる。彼はこの一つの目的のために燃えるよう

---

28) ウェルギリウス『アエネーイス』VI, 368.
29) アルド・マヌティオの刻んだ像は、ついでに言うと皇帝ドミティアヌスの肖像の上に刻まれている貨幣の像とは異なっており、イルカは右側ではなく左側に見られる。

31 「ゆっくり急げ」

な献身を，どんな重荷さえも避けないほどの疲れを知らない熱意をもっていた。こうして完全なる文書が，原形のままで，真正にして，損なわれずに，善意の精神のために回復された。ほとんどわたしはこう言いたい，彼は不本意な運命に見舞われながらも，どんなに大きな影響力をこの方面ですでに発揮したかをその成果が確かに示している，と。とても気高く，まことに立派な，わたしたちの友人アルドゥスの願いに，人文学を愛好する何らかの神が霊感を吹き込んでくださるならば，「敵対する力が彼を妨げることさえなければ」[30]，わたしは数年のうちに将来の研究者たちに次のように約束する。偉大なる著者たちがラテン語・ギリシア語・ヘブル語・カルデア語の四言語で書いたもののすべてを，しかもあらゆる種類の学問にわたって，この一人物の努力によって改良された完成版[31]を自由に使えるようにし，そして誰も原テキストの部分がなくて困ることがないようにする，と。そのときがやってくるや否や，怠慢のゆえに隠されるか，その心に自分たちだけが賢いと思われたいとの願いをもつ人たちの野心によって拘束されて，今なお多量の良き写本が隠されたままでいることが明らかになるであろう。そのときには，今では良く改訂されていると考えられる著者たち〔のテキスト〕が奇っ怪な誤りによって満たされていることが，遂に認識されることになるであろう。これがどんなものかと一つの事例から推測してみたい人は，プリニウスの手紙を比較してみるべきである。この手紙は最近アルドゥスの印刷所から刊行さ

---

30) ウェルギリウス『田園詩』4・6.
31) エラスムスがやがて改訂に着手して出版した多数の教父全集のことを指している。

れ,目の目を見ることになった[32]。この手紙を一般に行き渡っている写しと比較して見ると,その人はこの写しで他の著者にあるのと同じものを発見するであろう。誓ってそれはヘラクレスの力を要する難題であり,土台から崩壊してしまったような神的なものを世界に取り戻すことは,王者の精神にふさわしい。隠されたことの痕跡を突き止めること,埋められたものを掘り起こすこと,消滅したのを呼び戻すこと,切断されたものを繕うこと,とりわけ人文学の全領域よりも古めかしい一片の金貨のほうが利益になると見なすありふれた印刷所の過失によって全面的に形が損なわれたものを修復することは,王者の精神にふさわしい。それに加えて考えるべき点は,自分の力で国家を護ったり,その領地を増大させた人たちの行為をあなたがどんなに大げさに称賛するとしても,彼らは確かに世俗の中でとても狭い範囲内に閉じ込められていることである。それに対して壊滅状態にある文献を救い出す人は,それを創り出すこととほぼ同じく困難ではあるが,まずもって真正にして不滅のものに奉仕しており,ただ一つの属州のためではなく,至るところのすべての国民とすべての時代のために活動する。要するにこの務めは君主たちのなすべきことであった。その中ではプトレマイウス[33]が特別な栄誉をえている。そうはいっても彼の図書館は個人的なものであり,宮廷の狭い壁によって閉じ込められていた。だがアルドゥスは世界そのもの以外のいかなる壁によっても閉じ込められていない図書館を建造している。

---

32) この版は6世紀の写本を土台にして1508年に刊行されたが,それは『格言集』がアルドゥスの手によって出版されたのと同年であった。

33) プトレマイウス一世は紀元前四世紀にエジプトに後にアレキサンドリア図書館として知られるようになったものを創始した。

31 「ゆっくり急げ」

　わたしはこの小さな脱線によって問題自体から逸脱してしまったようには思わない。もちろんこれらのシンボルをいっそう熱心に学ぼうとする人たちによってこのことが支持され，喜ばれるように願う。というのも彼らはもうとてもよく知られた著者たちから汲み出したことを学び，さらに願っていたことを理解しており，少なくとももし何らかの神がとても素晴らしい企図に祝福を直ぐにも与えたもうならば，いかに多くの良きことを彼らがこのイルカから期待できるかを思い起こすであろうから。

　横道に逸れたわたしの話をもとに戻すに先立って[34]，わたしは文芸問題で，ある印刷業者に対する最悪の苦情を述べるべきであろう。その苦情は新しいものではない。とはいえ，わたしが間違っていなければ，この作品の第四版[35]の準備をしている現今の時期よりもそれを言うのに適切なときはない。それは1525年のことであった。

　ベネチアは多くの理由からとても有名な都市となっているが，主としてアルドゥス出版社の尽力によってそうなったのである。そんなわけでベネチアから外国に輸出される書籍はみな，この都市名が付いているだけで，その地でよく売れている。だが卑しい印刷業者たちがこの魅力的な都市名を〔付けて〕悪用し，どんな都市も〔標準的な〕著者たちの版本をそれよりも厚かましく歪めることができない仕方でわたしたちのところに送ってくるほどである。しかもこのような〔標準的な〕著者ではなく，聖書については何も言わないとして

34）続く文章は1526年の版で加筆されたものである。それはとても長く，注の42まで続いている。

35）この版はエラスムスによって間違って第四版と呼ばれているが，実際は第六版である。

エラスムス『格言選集』

も，アリストテレスやキケロ，またクインティリアヌスのような第一級の著者たちにも確かにそのように行っている。

　誰も同業組合〔ギルド〕の認可を得ないと靴職人や指物師として働けないように法律によって規制されている。それなのにあの卓越せる著者たち——わたしたちは宗教に関して彼らの著作物から恩義を受けている——は一般に文学の教養に欠けた人々によって世に送り出されたので，人々は全く読むことができず，彼ら〔出版した人たち〕が怠惰であったので，作成された文書を読み直しもしないほどであったし，また貪欲であったので，校正する人を雇うのにごく僅かな金貨を費やすよりも，良書を六千もの誤字誤植で満たすほどであった。すべてをもっとも恥ずべき仕方で腐敗させた人に優って，〔出版した本の〕題名で壮大な約束をしたものはなかった。

　もしだれかが衣服を深紅色に染めて売っておきながら，染色の際に深紅色が何も加えられていないのが見つかったときには，その売り主は法律の権威にもとづいて損害補償をしなければならない。こういう仕方で商品をごまかした人は誰でも，さらに罰金を支払わねばならない。同様な仕業でもって何千ものあんなに多くの人々を欺むく者は，自分の強欲の，否むしろ自分の窃盗行為の結果を味わうことになるのでは〔ないか〕。今日公証人や弁護士に当てられる細心の配慮よりも多くのものが，かつては書物の写字生にも与えられていた。確かにいっそう多くの細心の配慮が必要であった。こんなにも忌まわしい写本の混乱が生じたのは，他でもない，何らかの無名にして無知な修道士が，最近では〔目的にそぐわない〕修道女さえも手当たり次第に選び出されて，こんなに神聖な事柄を扱うように委託されていたからである。だが，

31 「ゆっくり急げ」

もし印刷業者〔によって起こる被害〕と比べたら，怠慢で無知な写字生によって引き起こされる被害はどんなにか小さいことであろう。この点に関して諸々の公法はあくびをしている。

　イギリスで染められた布地をベネチアで染められた布地として売る人は罰せられる。また単なる拷問や激しい腹痛〔の種となる文章〕を良い著者が書いたものとして売る人はその向こう見ずなわざの報いを受けるであろう。買う人にその商品のあらゆる欠陥に注意させることは売る人の義務ではないと，あなたは言うかも知れない。確かにそうであろうが，少なくともここでは本の題名が本当のことを請け合っているか，本が間違いだらけであるかどうかが問題にされるべきであった。教養ある人々によっても直ちに気づかれないような誤謬がある。とはいえ印刷業者の無数の群れは，とくにドイツでは，すべてを混乱させて分からなくさせている。

　パン屋さんになることはすべての人に許されていないが，印刷術を獲得することは誰にも禁じられていない。あなたは安心して何でも絵で描いたり，口で語ったりできないが，どんなものでも印刷することができる。新しい本の群れが大地のどこからでも飛び立たないところはない。それらの本の一つ一つが何か知る価値のあるものを提供していても，それらが大群をなして押し寄せるとひどく研究を妨げるであろうし，良いもの〔本を読ん〕で最悪の結果をもたらす飽満そのものによって，もしくは人間の精神が本性的に気晴らしを求めやすく，新奇なものを渇望することによって，それよりも良いものが提供されえないような，昔の著者たちの書を読むことから遠ざけられてしまう。当今の作家たちによって昔の著者たちが見過ごしたものを何か発見できるのをわたしは否

109

定しないけれども。たとえば今日の哲学者がアリストテレスが知らなかった何かを教えることができるであろう。だがわたしは信じない。しかしアリストテレスが伝えたよりも完璧に哲学大系を教える人が今後に出現するとは思わない。同様に恐らくクリュソストモスやヒエロニュムスが思い違いをしていた聖書のある箇所を指摘できる人もいないであろう。またこの二人が行ったことを全体として提供できる人はいないであろう。だが，人はこういったものをほとんど役立たなくしており，わたしたちはあらゆる種類のがらくたでもって時間を無駄にしている。この間に尊敬すべき学芸〔の分野〕はその権威もろとも無視され，立法府・公会議・大学・法律家・神学者などの権威は失墜する。こうして始まったことが進んでいくと，危機存亡の大事が少数の者の手に握られ，トルコで起こっているように，ある種の野蛮な独裁政治がわたしたちの間に起こるであろう。万事は一人の，もしくは少数の気まぐれな欲望に屈服しており，市民的な政体はその痕跡もなくなり，すべては軍事政権の暴力によって支配されるであろう。尊敬すべき学問のすべての分野は死んだ状態となり，一つの法だけが繁栄するであろう。こうして「現世の支配者」[36]が欲するようになるであろう。宗教的な司教たちは尊重されなくなるか，彼らに何か価値ある仕事があるとしたら，それはただ熟慮した判断によるのではなく，その都度の頷きと拒否によって万事を支配する者〔の目的に〕に悉く奉仕するためである。

　宇宙の構成要素のすべてが相互に調整され，永続する法則によってすべてが貫かれているように，国家においてもその

---

36) 原文にはギリシア語が引用されている。

31 「ゆっくり急げ」

すべての合法的な権威が存続するならば，民にふさわしい権利が配分されるならば，元老院と行政官に教養・法・公平が彼らに許される範囲でその権力が認められるならば，司教たちと司祭たちが尊敬され，修道士たちには当然与えられるべきものが拒否されないならば，人間関係はどれほどよく顧慮されることか。これらの等しくない力のすべてが協調するならば，多様なるものが一つの目標に向かうならば，国家の状態は，だれもが自分のためにすべて奪おうと試みる現在よりも，遥かに堅固に守られるであろう。確かに夫がその行動領域の一部を妻に譲らないと，自由人と奴隷との区別がなくなると，また奴隷も荷役獣ではなく，人間として扱われないと，終わりに気前よく奉仕する奴隷が好意的に扱われ，奉仕の報酬として自由が期待できるように，奴隷の間にも区別がないと，一家族全員を永く維持することはできない。

　ここである人は言うであろう。「お前，不幸な預言者よ。これは印刷業者と何の関係があるのだ」。実際，これらの禍の大部分はこうした放縦を罰しないでいることによって起こってきたからである。彼らは世の中をパンフレットや書物によって満たしてしまった。わたしも恐らくその種のものを書いているので，それらをくだらない書物だと言いたくないが，それらは愚かであり，無知であって，悪意があり，悪名高く，狂ったようであり，不敬虔にして，煽動的である。これらが群がり押し寄せて来たので，これらの有益な書物もその実を結ばないまま滅ぼされてしまった。その多くは表題も著者名もないパンフレットとして急いで飛び出すし，さらに悪質なことには偽名で出ている。それが発覚すると，家族を養うため何かください，そうすればそのようなパンフレットを作成するのをやめますと印刷業者は言う。泥棒・詐欺

師・女衒のほうが多少ましな面持ちでもって「生活費をください，そうすれはこうしたやり方はやめます」と答えるであろう。他人の名声を公然と奪い取るよりも，他人の財布からこっそりくすねるほうが，あるいは他人の命や，命よりも大切な名声を攻撃するよりも，暴力を使わないであなたの体や他人の体を金を得るために乱用するほうが犯罪の程度は恐らく軽いであろう。

　だが，この種の苦情はもうずっと前から十分なされてきた。そこで救済措置が提示されなければならない。君主たちと行政官たちによって配慮がなされていたなら，この禍いは仕事をしない人たちができるかぎり排除されていたならば，緩和されていたであろう。その人たちは何よりも戦争に傭兵を使うことから生じている。次に，もし理性も恥辱も抑制しないようなならず者に対しては，わたしたちは〔罰を与える〕棍棒が準備されていることを法律で指し示すべきである。さらに公共の利益のために実施されるべき計画に努める人たちにその資力がなくなったならば，君主たちや司教たち，また修道院長たちによって，あるいは公的な国庫から補助金が交付されるべきである。というのも大抵マモンなる財神に奉仕している商人たちから，そのような尽力を求めることは，恐らく過度なことであるから。祭壇や墓碑を建てる人，また記念額を吊したり，立像を置いたりする人，あるいは後世に自分の名を残そうとする人は，こういう方法でもっと長持ちする名声を自分のために準備できるのではなかろうか。多くの事例から一つを取り出したい。聖書を注解するに際して聖ヨハンネス・クリュソストモスよりも力量を発揮した人はいないし，講壇の務め〔つまり説教〕を準備している人に彼よりも役立つ著者は他にはいない。また彼はとても多

31 「ゆっくり急げ」

く書き残したが，その少なからぬ部分を平凡な訳で読むことができるが，その大部分は形を損なってしまい，クリュソストモスと何の関係もない多くの文章がそこに混入されてしまった。だがこの偉大な教父のすべてをギリシア語原典で，しかも改訂された版で，もつことができたなら，彼がギリシア語を語っているように，よいラテン語で語るのをとにかく聞くことができるなら，どんな光が神学に点火されることか。

　わたしはここで執政官たちがいかに多くの仕方で金銭を無駄遣いしたか，どんなに多くの金が賭博・娼婦・酒宴・無駄な旅行・見せびらかし・巧妙に仕掛けた戦争・野望・寵臣・痴呆・役者によって浪費されたかを述べたくない。少なくとも恥ずべき目的で費やされたものの中からある部分は公共の利益のために，あるいは彼ら自身の栄光のために，もしくはその両者のために切り離すべきである。アルドゥス〔出版社〕がこのように企てたとき，学者たちの中で誰がそれを支持しないであろうか。こんなにも偉大な事業で労苦している彼の重荷を軽減するために何か貢献しなかった人がいたであろうか。古い写本がハンガリーやポーランドから繰り返し何度も自発的に彼のところに，名誉のために与えられる贈り物を付けて，送られたことか。それは写本が周到なる配慮のもとに世界に向けて出版されるためであった。アルドゥスがイタリアで労苦していたことを——彼はもう天寿を全うして死んだが，それでも彼の魅力的な名はその印刷所を今日まで立派に見せている——，アルプスのこちら側でヨハンネス・フローベンが受け継いで励んでいる。彼はアルドゥスに優るとも劣らない熱心さでもって励んでいるが，全く成果を収めなかったわけではないとしても，比較できないほど僅かな利益

113

エラスムス『格言選集』

しか得ていないことを否定できない。その理由を聞かれるなら，ありうる多くの理由の中から次の一つをわたしはあげたい。つまり諸々の才能の輝きはイタリアとわたしたちとの間では，少なくとも文書の分野においては同じではない，と。というのもわたしが経験したことからこのように言うことができるからである。

　わたしが〔オランダの地方に住む〕ヴァタビイ人としてイタリアで格言集を出版すべく準備していたとき，その地で教養のある人たちは皆，印刷業者を通してまだその著作を公表していなかった著者たち――彼らはこの人たちがわたしにこれから役立つと推測したので――を自発的にわたしに紹介してくれた。アルドゥスはその充実した宝庫〔図書室〕から分かち与えなかったものは何もなかった。ヨハンネス・ラスカリス，バッチスタ・エグナティオ，マルコ・ムスロ，フラ・ウルバノが同じことをしてくれた[37]。わたしは顔も名前も知らないある人たちの〔親切な〕尽力を経験した。わたしがベネチアに携えていったものは，これから造られる，混沌とした無秩序な作品の素材に過ぎなかった。それも厳密に言うと公表された著者たちからの抜粋であった。わたしとしては全く無謀なことに，わたしが書き，アルドゥスが印刷するという仕方で二人が共同作業に着手した。作業のすべてはほぼ九か月以上かけて完了したが，その間にわたしはこれまで経験したことのないいやな礫(つぶて)の攻撃に対処した。もしも学者たちが手書きの書籍を供給してくれなかったとしたら，どれほど多くの利益が失われていたかを考えてみて欲しい。その書籍

---

37)　ヨハンネス・ラスカリス（1445-1534），バッチスタ・エグナティオ（1478-1553），マルコ・ムスロ（1470-1517），フラ・ウルバノ（c 1443-1524）はすべてベネチアで教えた学者であった。

31 「ゆっくり急げ」

の中にはプラトンのギリシア語の著作集や,わたしの著作が完成すると直ぐに印刷されたプルタルコスの『対比列伝』と同じ著者の『道徳論集』があった。またアテナエオスの『賢者の食卓』やアプトニウス,注釈付きのヘルモゲネス,ナティアンスのグレゴリオスの評注の付いたアリストテレスの『修辞学』,評注の付いたアリスティデス全集,ヘシオドスとテオクリトゥスの評注と小注解書,ホメロスの全作品に関するエウスタティウスの著作,パウサニアス,詳しい注の付いたピンダロス,プルタルコスの名前のもとに収集された格言集,アポストリウスを起草者とする他の格言集——この書の写しをヒエロニュムス・アレアンデル[38]がわたしたちのために作成してくれた——があった。その他に心に浮かばないか,言うには及ばない他の小品があった。これらの小品はこれまでのところ印刷されて公表されていない。

それとは反対に,今や,アルプスのこちら側に住むある友人——わたしは彼を特別の友人と見なしてきたし,今でもそう思っている——の誠実な態度を学んでみよう。というのも「友人たちの生き方を知らねばならないし,憎んではならないから」[39]。ベネチア版の格言集を準備していたとき,わたしはその欄外に諸々の格言が書き込まれた一冊のスゥイダ[40]を彼がもっているのをたまたま発見した[41]。その書籍はかなり

---

38) ヒエロニュムス・アレアンデル(ギラモ・アレアンドロ 1480-1542)は学者であり,後に枢機卿となった。若いときにはエラスムスの友人であったのに,後には敵となった。

39) これは Publilius Syrus の断片 A 56 であって,エラスムスの『格言集』Ⅱ, 5, 96 の土台となる。

40) スゥイダについては注20を参照。

41) この格言集が書き加えられた本をもっていた人が誰であるのか不明である。

大きなもので読み通すには相当の時間を必要としていた。そこでわたしはこの労働を少しだけ楽にしたいと思って，少年〔の筆記者〕がわたしのノートにその部分を転写する間，その書籍を少しの時間だけ貸してくれるようにお願いした。わたしは繰り返しお願いしたが，彼はきっぱりと断った。どんな種類の嘆願をしてみても，わたしは彼の心を変えることも，説き伏せることもできなかったので，彼自身がその格言を出版してみないかと懇望した。そうすればこの仕事をわたしよりも立派に実行してくれる人から喜ばしい結果がわたしに与えられるから。ところがそういう意志はないと彼は言下に退けた。「それではあなたの本当のお考えは何ですか」とわたしは尋ねた。苦悩に駆り立てられた人のように彼は，学者たちがこれまで民衆の称賛を勝ち取ることができたすべては，すでに公表されていると告白した。「ここにあの嗚咽がある」[42]。ドイツやフランスまたイングランドの神学校や修道院に最古の写本が隠れたままであって，若干の例外を除くと，誰もこれらの写本を自発的に共有しようとしない。そのように懇願する人たちに彼らは写本を隠すか，〔ないと言って〕きっぱりと断ったり，それを利用するために法外な謝礼を，ときには写本の査定価格よりも10倍も要求したりする。こうして，これほど高く評価された写本は，湿気や害虫に喰われて腐ってしまうか，盗賊によって持ち去られるであろう（マタイ6・19以下参照）。

　しかし，わたしたちの政府の高官たちはその気前よさを発揮して人文学に関することを援助したりはしない。彼らは，

---

　42)　ホラティウス『書簡』I, 19, 41. この修辞学的表現についてエラスムス『格言集』I, 3, 68 参照。

31 「ゆっくり急げ」

そのような使用〔目的〕のために費やされて、金銭が〔取り返しが付かないほど〕乱雑に浪費されてはならないと考える。彼らはまた、そこから何らかの年貢が上がらないようなことは絶対に承認しない。もしアルプスのこちら側の君主たちがイタリアの君主と同じく広大な心でもって人文学研究を奨励してくださるなら、フローベンの蛇ども[43]はアルドゥスのイルカよりも能力においてそれほど不足していないであろう。アルドゥスは「ゆっくり急げ」をモットーにして名声に劣らず金をも獲得していたし、その両者を獲るに値していた。フローベンは杖をいつもまっすぐに立て、公共の利益のほかに何もめざしていない。彼は鳩の単純さから後退しないし、蛇の賢さをその行為よりもその象徴によって表現する。だから彼は財産よりも名声によって富んでいる。

しかし、もう脱線を終わらせるときであって、わたしは今や格言の話に帰らねばならない。

格言を三つの仕方で用いることができるであろう。第一にそれは、仕事に着手するに先立って、わたしたちがいっそう時間をかけて熟慮するようにとの警告である。しかし仕事が決まったならば、それを素速く完成させなければならない。というのも錨が熟慮されるべき遅さを、イルカが遂行されるべき速さをそれぞれ指しているからである。

次のサルスティウスの言葉はこのことに関連する。「ある行動を起こす前に、熟考せよ。熟考したら、速やかに行動すべきである」[44]。この文章をアリストテレスは『ニコマコス倫

---

43) フローベン印刷所の商標はカードゥケウス、つまり神々の使者ヘルメスの二匹の蛇が巻き付いた杖であった。杖は力を蛇は知恵を象徴する。
44) サルスティウス『カテリーナ』I, 6、エラスムス『格言集』II, 3, 70 参照。

エラスムス『格言選集』

理学』第6巻で人口に膾炙されたものとしてあげている。彼は言う「あなたが熟考したことは速やかに実行されるべきであるが，熟考するのはゆっくりやらねばならない，とも言われている」[45]と。ラェルティウスはこの格言の作者が〔ギリシア七賢人の一人〕ピアースであったと証言する。彼はいつも「仕事はためらいながら着手すべきであるが，始めたならば断固としてやり通すべきである」[46]と警告していた。ここにそれほど重要ではない言葉——わたしにはププリアヌスのものと思われる——を付け加えても不適当ではない。「いっそう速く勝利するために，もっと時間をかけて戦いの準備をしなければならない」[47]。同じく「必要なことを熟慮しなさい，時間がかかっても，そうしたほうが安全だから」[48]。それに次の格言を付け加えなさい，「夜のあいだに，ゆっくり戦略が練られる」。さらにソフォクレスの『オイディプス王』にある言葉「早まった予見は危険である」も加えなさい。それにはわたしが他のところで引用したプラトンの言葉「余りに急いで始める人は目的に到達するのが遅れる」[49]を加えるべきである。やや相違しているが，それでもこの形式に入るのは，クインティリアヌスの命題「あのような早熟の類の文才は，容易に良い成果に到達することはない」である。および人々がよく口にしている言葉「そのときが来る前にもう賢いような子どもは愚かな老人となる」もそれに入る。この見解にアッキウスが同意しているように思われる。彼はゲリウ

---

45) アリストテレス『ニコマコス倫理学』VI, 1142b, 4
46) ディオゲネス『哲学者列伝』I, 87.
47) ププリアヌス『文集』D 3.
48) ププリアヌス，前掲書 D 6.
49) プラトン『国家』X, 613bc；VII, 528d, エラスムス『格言集』III, 5, 60 参照。

スによると「若者の才能は未熟な果物と同じような非情さを受ける。つまり果物がやっと成熟すると，続いて成熟が季節にあったうま味をもたらすが，他のものはそのときが来る前に朽ちてしまう」[50]と言ったとあるから。

　第二にこの格言は心の情念がいわば理性によって抑制されねばならないとの勧告という意味で用いられるであろう。というのもプラトンが人間の魂を理性・激情・欲望という三つの部分に分けて，王者としての理性に情念を服従させる点に哲学の目標があり，そのために理性の座が大脳の中に要塞のように設けられていると考えるからである[51]。アリストテレスを指導者とする逍遙学派は，魂の衝動力である情念が，徳を実現するようにわたしたちを駆り立てる，生まれながら授けられた推進力であると考える[52]。この考えにストア派が，とりわけセネカが皇帝ネロのために書いた『怒りについて』[53]という書物の中で異議を唱える。彼らは情念がこういう仕方では徳に役立たず，むしろ妨げると信じる。彼らが考える賢人の心には大抵は理性の機先を制する根源的な衝動が残存しており，それを完全に根絶することはできない。だが彼らがそれに賛同しないように，それは理性によって即座に退けられる。ホメロスは『イリアス』第1歌において[54]パラス・アテナがもうすでに刀に手を当てていたアキレウスの背後から近づき，彼を抑えたとき，このことをほのめかす。したがっ

---

　50)　ゲリウス『アッティカ夜話』13, 2, 5.

　51)　プラトン『国家』IV,435a-441c;『ティマエオス』XIV, 44d. 参照。

　52)　アリストテレス『ニコマコス倫理学』II, 1105b, 21『修辞学』II, 2-11.

　53)　セネカ『怒りについて』9-10; 1, 17; 3, 3. この書はネロではなくノウァトゥスに献呈されている。

　54)　ホメロス『イリアス』I, 206-14.

てあの激しい心の衝動がイルカを，それを抑制する知恵が錨を〔それぞれ〕表明していたとすれば，それは正しいであろう。

セネカは怒りを除けば，遅れ〔急がないこと〕は何ら役立たないと書いている[55]。しかしわたしたちの欲求や嫌悪が甚だしいときには，遅れは救済策となる。プルタルコスは『ローマ人の警句集』の中で哲学者アテノドロスが老齢のため〔郷里の〕家に帰ることを嘆願して皇帝アウグストゥスから認められたとき，彼が怒ったときには，ギリシア語のアルファベットを順序よく数えあげるまでは，何かを言ったり行ったりしないように，と皇帝に警告したと語っている[56]。ところがこれを聞くと皇帝は，沈黙の術を学ぶために彼が自分に未だ必要であると答え，この人をこの口実で丸一年間自分のもとに引き留めた。テレンティウスの言葉「用心したまえ。これはちょっときな臭くないか」[57]もこれに属する。その性質からみてある人たちには鼓舞することが，またある人たちには抑制することが必要である。それゆえ昔の人たちが錨をイルカに巻き付かせたようと欲したのは正しかった。というのも一方が他方を抑制するか，それとも他方と結びつけられて，プラトンが音楽と体育——人がこの両者を等しく用いるなら——から引き起こされると考えるような，ある種の精神的習性が成り立つからである[58]。

第三に人はこの格言をすべての仕事における大慌の軽率さをわたしたちが避けるべきであるとの警告として用いること

---

55) セネカ『怒りについて』II, 29, 1.
56) プルタルコス『道徳論集』207 c
57) テレンティウス『宦官』380
58) プラトン『国家』III, 412a

31 「ゆっくり急げ」

ができる。ある性格の人たちはこの悪徳にひどく傾倒しているので、あらゆることにおいてちょっとの遅れをとても永く感じる。この種の性急さには、あの有名なギリシアの一行詩によると、いつも誤りと後悔が仲間として付き添っている。「多くの人にとって多忙が不幸な出来事の原因である」[59]。このような人たちには「十分に良ければ、十分に速やかなり」というカトーの卓越した言葉が言い返され、ささやかれるべきである[60]。ヒエロニュムスはパムマキウム宛に次のように書いてこの言葉に言及する。「カトーの言葉〈十分に良ければ、十分に速やかなり〉も優れている。それをわたしたちが若かったとき、成熟した雄弁家がある小著の序で言っているのを聞いたとき、わたしたちは笑った。わたしはアテネの全学校が声を合わせて〈十分に良ければ、十分に速やかなり〉と鳴り響いていたとき、あなたがわたしたち双方の誤りを想起していると思う」[61]。これはヒエロニュムスの言葉である。

この格言は、できるだけ速く有名になろうとし、本物の永続する名声よりも、入手しやすい大いなる名声をほしがる人たちにも、ぴったり適合する。なぜなら早熟なるものは直ちに衰えるのを常とするからだ。だが徐々に成長するものは永く持ちこたえる。ホラティウスにはこうある。

　マルケリウスの名声は樹木のように、年齢とともにひそかに増大する[62]。

---

59) メナンデル『命題集』631.
60) ジョルダン『有名な発言集』80.
61) ヒエロニュムス『書簡集』66, 9, 2.
62) ホラティウス『頌歌』I, 12, 45-6.

121

またピンダロスも『ネメアの讃歌』の第8歌で言う，「だが徳というものは，樹木が新鮮な息吹を受けて成長するように，賢明な人たちと正しい人たちの間にあって高められて，澄んだ大気に向かって増大していくものだ」[63]と。

　要するに，無為とか抑えきれない衝動によって過ちを犯す人は誰でも，オクタビアヌス・カエサルの格言「ゆっくり急げ」を想起すべきである。また昔はティトス・ウェスパシアヌスに，今ではアルディヌスに属するシンボル（商標）を，つまりイルカと錨のことをいつも思い出すために，わたしたちは記憶を呼び寄せるべきであろう。

---

[63] ピンダロス『ネメアの讃歌』VIII, 40-2.

32

アルキビアデスのシレノス

Sileni Alcibiadis（III, 3, 1）

　アルキビアデスのシレノス〔という言葉〕は教養ある人たちの間で格言となったように思われる。もちろんそれはギリシア人たちの収集したものに格言として記録されている[1]。この格言は次の〔二つの〕事柄に関して使われた可能性がある。〔第一に〕人々が言っているように[2]外見的に最初見たところでは卑しく笑うべきものと思われるが、しかしいっそう接近して内側を観察する人には驚嘆すべき事柄に関して、〔第二に〕その態度や顔が心中に隠し持っているものを余りにも少ししか示していない人間に関して使われた可能性がある。というのはシレノスは何かある彫刻された小さな像であったと言われているからである。それは中を開けて説明できるように作られていた。それが閉じられていると、馬鹿げた、かつ、奇っ怪な笛吹きの外観を呈していた。だがそれが開けられると、突如として神性がその姿を現したのであった。そうするとこのユーモラスな動揺が彫刻家の技術をいっそう人気あるものとしたのであった。ところでこの像に関す

　　1）　実際はそうでなくこの格言は格言の収集には記録されていない。それを言及しているのはピコ・デッラ・ミランドラが1485年にエルメラオ・バルバロに宛てた手紙に見いだされる。
　　2）　エラスムス『格言集』I, 9, 88.

る物語は，バッカスの家庭教師にして詩歌の神々の道化者である，あの愚かなシレノスから採用された。というのは神々も今日の君公と同じ仕方でもって自分の道化師をもっていたから。それゆえアテナエオス[3]の第5巻にはクリトブルスという名の若者が，ソクラテスを老人で醜いとあざけって，「シレノスよりも醜い」と言った。クセノフォンの『饗宴』にはある一節があって[4]，そこではソクラテスが「お前は俺よりハンサムであるかのように見せびらかしている」と言う。するとクリトブルスはそれに対し「何だって，そうだ，もしそうしなかったなら，わたしはサチュロス劇のすべてのシレノスの中でもっとも醜い者になってしまうだろう」と答えている。またプラトンの『饗宴』[5]の中でアルキビアデスはソクラテスに対する讃辞を述べようとして，ソクラテスとこの種のシレノスとの間の類似を引き出している。と言うのも彼は，よく観察する人には，シレノスたちと同じく，表面的な態度と外見で見られるのとは，遥かに懸け離れているからである。

　よく〔格言で〕言われるように[6]，だれでも彼を表面から皮膚によって〔皮相的に〕評価する人は，一文も払おう〔関心を寄せよう〕としないだろう。彼の顔は田舎の人のようであった。見たところは雄牛のようであり，獅子鼻からは鼻水が溢れていた。何か間抜けな道化師で阿呆のように思われたに違いない。人間らしい洗練さに欠けており，話は平凡で，卑俗であり，つまらなかった。彼が言っていることは馬丁，

　3）　アテナエオス『食卓の賢人たち』V, 188d.
　4）　クセノフォン『饗宴』IV, 19.
　5）　プラトン『饗宴』215a.
　6）　エラスムス『格言集』I, 9, 89.

職人，洗い張り屋，鍛冶屋の話のようであった。こうして彼はここから議論を促すために類比物〔類推の手段〕を取り入れていたからである。その財産は貧弱で，身分の低い炭焼きのような妻は我慢できる代物ではなかった。彼は年少の若者の美しさに驚嘆しているように思われたが，愛していても嫉妬で欺されることを知っていた。だがアルキビアデスは，彼〔ソクラテス〕がそのような情念から全面的にかけ離れていることを確かに知っていた[7]。さらに彼の絶えざる冗談が瘋癲（ふうてん）のような外貌を多くの人に与えた。愚か者たちの間には自分には知恵があると公言する野望が情念の嵐によって錯乱に至るまで激昂するときがあって，自分には知らないものが何もないと冗談を飛ばしたのはゴルギアスが唯一の人ではなかったが，またこの種のつまらぬことに大騒ぎする人で世の中が満ちているのに，このソクラテスだけは，彼が知っている一つのことは自分が何も知らないと言うことである，とたびたび語っていた。というのも公共生活のすべての職務に自分が役立たないと彼には思われたからである。そんなわけである日のこと，公衆の前で何らかの問題について話し始めたとき，彼はやじられて話を封じられた。それにもかかわらず，あなたがこんなにも嘲笑されるべきこのシレノスの中を開けてみたとしたら，あなたは明らかに人間よりも神性〔神のような存在〕を，つまり生まれながらにして崇高で真の哲学者にふさわしい精神を，見いだしていたことであろう。彼は，そのために他の人たちが走り回り，航海し，汗を流して働き，論争し，戦争をするようなすべてのものを軽蔑しており，あらゆる侮辱に対しては勝者であって，いかなる幸運も

---

7) プラトン『饗宴』216d~217a 参照。

エラスムス『格言選集』

彼には全く力を発揮できず，彼は死をも侮って何ら恐ろしくなかったほどにまで何ものも恐れていなかった。そんなわけで彼はいつも葡萄酒を飲むのと同じ顔付きで毒人参をも飲み干したことであろう。また死の間際にも友人のパイドンと一緒に彼は冗談を言ったり，誓いを免除されるために〔医術の神〕アスクレーピオスにめんどりを献げて敬意を表するように勧めた[8]。同様に彼は毒を飲み干すと直ぐ，そこから心の病のすべてが沸きだし，かつ，汚染する，身体から離れるがゆえに，すでに健康の特権を感じているかのようであった。それゆえ，その時代にはあらゆる知者で満たされていたのに，ただこの道化だけが神託によって賢いと宣言され，何も知らなかった者のほうが，知らないものなど何もないと公言していた者らよりもよく知っていると判断されたのは不当ではなかった。それどころか万人の中で彼一人が何も知らないということのために，彼自身が他の人たちよりもよく知っていたと判断されたのである。

　アンティステネスはこの種のシレノスであった。彼はその杖によって，背嚢と外套によって最高の王様の財産に優っていた[9]。一般に犬と考えられていたディオゲネスはこの種のシレノスであった[10]。だがこの犬の中に何か神的なものがあることに，あらゆる君主の中の最高にして第一位であると思

---

8)　プラトン『パイドン』118a.

9)　アンティステネスはソクラテスの弟子で，シニック学派の創設者の一人であった。ディオゲネス『哲学者列伝』6, 1-19 参照。杖と背嚢と外套は乞食の伝統的な徴であった。

10)　ディオゲネスは紀元前 4 世紀に栄えたシニック学派でもっとも有名であった。ディオゲネス『哲学者列伝』VI, 20-81 参照。彼は当時の人々から「犬」(ギリシア語で kunos キュノス) と呼ばれたことからキュニコス学派という名称が生まれた。

われていた，アレクサンドロス大王は気づいていた。彼は精神の偉大さに感嘆して，自分がアレクサンドロスでなかったなら，ディオゲネスでありたいと語った。その際，彼はアレクサンドロスであったがゆえに，それだけいっそうディオゲネスの精神を願望すべきであった。エピクテイトスもこの種のシレノスであった[11]。彼はその墓碑銘が告げているように，奴隷にして，貧者，また足の不自由な人であった。だが同時に（もっとも幸いなことに）知恵と結びついた生活の完全無欠さだけが授ける仕方でもって天上のものを大切にしていた。このことは確かに真に尊敬に値するものの特性である。それが有する卓越したものを人は内奥に蓄えており，また隠している。それは最初一見するときわめて軽蔑すべきもののように見えるが，その宝を外皮のようなもので隠しており，世俗的な眼には示さない。通俗的で見せかけだけのものはそれとは全く異なった様相を呈している。魅了するのは表面の外観だけであり，その美は直ちに示されても，近くの者にだけである。あなたがもしも内奥まで吟味してみれば，肩書きや外見によって示されていたものなど全くないことが分かるであろう。

　もしや，このような仕方でキリストついて語るのことが許されるならば，キリストもまた驚嘆すべきシレノスではなかろうか。わたしとしては，どうしてキリスト教徒の名前を誇っている人たちが皆，各人の力の及ぶかぎり，このことを再現する義務を果たさないのか全く理解できない。この最高のシレノスの外観をあなたが直視してみると，一般に広まっ

11）　エピクテイトスは紀元前 1 世紀に活躍した有名なストア派の哲学者である。

ている評価に従うなら，〔彼よりも〕いっそう軽蔑されたり，侮られたりする人がいるであろうか。身分の低い，無名の両親，貧しい家，ご自身も貧しく，少数の貧しい弟子たちを彼はもっていた。弟子たちは貴族の宮殿から，ファリサイ派の主流から，哲学者たちの学園からではなく，取税人の部屋や漁夫の網〔のあるところ〕から迎えられた。その際，彼が飢え，疲労，罵倒，愚弄を通して最後に十字架に至るまで追求した生活は快楽のすべてからかけ離れていた。あの神秘的な霊感を受けた預言者が「彼には顔立ちのよさも見栄えのよさもない。わたしたちは彼を見たが，見るべき面影はなく，彼は軽蔑され，最低の人間として見棄てられるのを願った」（イザヤ 53・2-3）と，またそれに続くその他の多くのことを語って彼を描写したときに熟考していたのは，この〔シレノスという〕側面である。そして今やこのシレノスをもっと間近にはっきりと見る機会を得たならば，つまりもし清められた精神に不死なる神であるご自身を光をもって啓示してくださるならば，とても表現できない宝をあなたは見いだすであろう。すなわち，何とひどい卑しさの中に何とすばらしい真珠を，何と深い謙虚の中に何とすばらしい崇高さを，何とひどい貧困さの中に何とすばらしい富を，なんと惨めな弱さの中にとても考えられない力を，何とひどい恥辱の中に何とすばらしい栄誉を，何と多くの労苦の中に絶対的な平安を，要するに何とも残酷な死の中に永続する不滅の泉を，あなたは見いだすであろう。どうして彼の名前を誇っている人たちはこのような〔惨めな彼の〕姿を嫌っているのか。全世界の君主国を占領し，獲得すること——このことをかつてローマの

32 アルキビアデスのシレノス

君主たちは企図したが無駄に終わり，クセルクセス[12]がその親衛隊と一緒にだれよりも立ち勝ろうとしたが――，は確かにキリストにとって容易であった。また財産においてクロエスス[13]に優ることや，すべての哲学者たちを沈黙させ，知者たちを空しく引き下ろすことはキリストにとって容易であったであろう。しかし彼はこの〔シレノスの〕姿を好まれて，その弟子たちや友人たち，つまりキリスト教徒たちに提示しようとした唯一の形であった。彼は，哲学者たちによって決められた原理やこの世の原則から，遠くかつ広く，隔たったこの哲学をとりわけ選び取られた。しかしそれは，他の人たちが他の方法でもって獲得しようと試みた目的，つまり至福を授けることができる唯一の方法なのである。

　預言者たちも以前ではこの種のシレノスたちであった。彼らは追放され，放浪し，野獣と一緒の生活に耐え，安い野菜を食べて生き，羊や山羊の毛皮で作られた衣服をまとっていた。だが「世は彼らにふさわしくなかった」（ヘブライ 13・38）と語った人はこの人たちがシレノスであることを洞察していた。洗礼者ヨハネはこの種のシレノスであった。彼はラクダの毛衣を着ており，革製の腰紐を帯として巻いていたが，紫衣と宝石をつけた王に遥かに優越していた。彼はイナゴを食していたが，それはすべての君主の贅沢な食事に優っていた。彼の最高の功績をあの驚くべき言葉によってとらえていたお方は，粗野な外套の下にどんな宝が隠れているかもちろん見分けていた。そのお方は言う，「女から生まれた者

---

12)　ペルシャ王クセルクセス（在位は BC.485-65）は五百万の軍隊を擁していたとヘロドトスは記している（『歴史』VII, 186 参照）。
13)　クロエススはリデアの最後の王であり，その巨万の富は神話的となり，格言ともなっていた（格言集 I, 6, 74 参照）。

129

のうち洗礼者ヨハネよりも偉大な者は現れなかった」(マタイ 11・11)と。使徒たちもこの種のシレノスであった。彼らは貧乏人で，粗野であり，無学であり，生まれが卑しく，弱々しく，無力にされ，万人のあらゆる侮辱に晒され，馬鹿にされ，監視され，呪われ，ほとんど全世界の公衆の嫌悪と同時に愚弄の対象であった。しかしシレノスを開いて見なさい，暴君のうちのだれが彼らと同じ影響力を発揮できたであろうか。彼らは悪霊どもをその発言によって支配し，命令によって荒れ狂う海を鎮め，言葉によって死者を甦らせたのである。彼らの影は病人に健康を与えており，手で触れただけで彼らはあの天上の霊を〔人々に〕分け与えている。彼らと比べるとどんなクロエススも貧しく思われるであろう。天上的な知恵を自分らの泉から汲み出し，それに対して人間のすべての知恵が単なる愚かさにすぎない彼らと比べると，アリストテレス自身も愚かで無学であり，ほら吹きであるとだれが考えないであろうか。わたしはこのように言ったことに対し，どんな場合でもアリストテレスの権威をぐらつかせるのは犯罪であり，不敬虔である，と考える人たちの赦しを願わねばならない。彼が並外れた学識の人であることをわたしは認める。だがその〔知恵の〕光はキリストと比べると暗くされないほど優れていたであろうか。当時，天の国はまことに「一粒のからし種」(マタイ 13・31)のようであった。外見はごく小さく軽蔑されていたが，力においては最大であった。そして前にわたしが言ったように，それはこの世の見識(ラティオ)とは全く相違しており，人々が言うように正反対であった。あのマルティヌス司教[14]もこの種のシレノスで軽蔑

---

14) マルティヌスはトリエルの司教で彼を自分たちの仲間として選出

32 アルキビアデスのシレノス

され，馬鹿にされていた。このような人たちは謙虚によって崇高であり，貧乏でも裕福であり，栄誉を無視したことで輝いていた，昔の司教たちであった。

　今日でもある善良なシレノスたちは隠されているが，悲しいことに余りにも少ない。大部分の人たちは，あべこべ〔正反対〕のシレノスを生み出している。だれでも物事を動かす力とその本性を吟味するならば，〔この人たちの〕見事な肩書，博士帽，輝かしいベルト，宝石をちりばめた指輪によって絶対的な知恵を宣伝していることに優って，真の知恵から遠く離れている人はだれもいないことを見いだすであろう。そういうわけですから，あなたは，多くの神学者たちのもったいぶった人物や自分らのお気に入りのアリストテレスにもとづいて教師風の定義・結論・大前提の大群に満たされ，三倍も四倍もふくれ上がった教師たちよりも，どこかである普通の人の中に――彼はその精神がよく言われる鋭敏なスコトゥスによってではなく，天上的なキリストの霊によって教えられており，世俗の意見によれば無学で半ば愚か人であるが――いっそう真実にして真正な知恵を見いだすことはめったにないであろう。わたしはこのことを彼らのすべてについて主張しようとするのではないが，悲しいことにその数は余りに多い。同様に古い系図，黄金の首飾り，素晴らしい家名をもった最高の貴族であることを自慢する，ほら吹きのトラッソ[15]たちにまして，あなたは真の高貴さを僅かしか見いだすことはないであろう。また向こう見ずでとても横柄な気質のため民衆によってもっとも勇気があり，無敵である

するように招かれた司教たちにとってむさ苦しく，全く嫌いな人であった。スルピキウス・セウェルスによる生活の記録 (9, 3) による。

　15）　トラッソはテレンティウスの『宦官』に登場するほら吹きである。

と思われた人たちにまして真の勇気からいっそう遠ざかっている人たちをあなたは見いださないであろう。自分が神々に（よく言われるように）最も近く，万人の主人であると考える奴隷にまして軽蔑すべく，かつ，卑しい者はない。もっとも成功したと考える人たちにまして害をもたらす人はいない。民衆によって金持ちだと崇められている安っぽい人たちにまして貧しい者はない。司教の中で第一人者である人たちにまして司教に値しない者はない。親愛なる読者よ，わたしはあなたが，これはだれか〔個人〕を侮辱するために言われたのだ，とお考えにならないように，くれぐれもお願いしたい。わたしたちがお知らせしたのは事柄自身であって，人々ではない。これが当てはまるような人は誰もいないことを願っている。また仮に現在のところそうした人たちはいない——このようにキリストが為さってくださいますように——としても，かつてはそういう人たちはいたし，これからも恐らくいるであろう。肩書きや装飾また儀式において宗教的な完全性を公言している人たちが真の宗教から時折もっとも遠くかけ離れているということが，誤りでもあるようにとわたしは願っている。

　実際，すべての種類の事柄において卓越した者が皆，顕著であるわけではない。木を見ても花や葉は目を魅了するし，その大きさをあまねく誇示している。だが生命力のすべてを含む種は，何とも小さいものであるし，人目につかず，見たところ派手な衣装も着けずに，自分を見せびらかすものではない。黄金と宝石は種の本性にもとづいて大地のもっとも奥深い隠れ場に隠されている。空気や火のような，人々の呼ぶエレメントについて言うと，卓越しているものほど感覚からいっそうかけ離れている。動物界について言えば，最善にし

てもっとも有効な力は，内奥に深く隠されている。人間について言えば，もっとも神的で不滅なものは，それだけが知覚されえないものである。どんな事物の種類においても価値の少ない質料のほうが，感覚には全く明らかであるが，形相の力とか利点は有用性によって感じ取られても，感覚からは遠く隔たっている。さらに身体の自然的な構造においては粘液と血液はよく知られていて明らかであるが，生命に大きな貢献をしているものは少しも明らかでない。もちろん息（spiritus）のことである。最後に宇宙において最大のものは見られない。たとえば実体と呼ばれているものがそうであり，その中で最高のものは諸感覚から最大限に隔離されている。それはもちろん神であって，神は万物の唯一の源泉であるのに，理解されることも考えられることもできないほど隔離されている。

　いや，それどころか教会のサクラメントにおいてあなたはある種のシレノスたちの像を少なからず見いだすことができる。このように言うことをお許しください。あなたは水を見ます。塩と油を見ます。声を聞きます。だが，それはすべてシレノスの外貌を見ているようなものである。あなたは天上的な力を見ないし聞いていない。これが欠けていると，残ったすべては単なるあざけり〔の対象〕にすぎない。だから神秘の書〔聖書〕もそれ自身のシレノスたちをもっている。あなたがうわべのものに留まっていると，あなたが見るものはときどき馬鹿げたものとなる。象徴されたものの真髄にまであなたが入り込むと，あなたは神的な知恵を敬うであろう。旧約聖書を採りあげてみよう。もしあなたが物語のほか何も見ないなら，またアダムがどのように粘土から作られたか，彼が寝ている間に脇腹からその妻が密かに引き抜かれたか，

133

蛇が妻を果実で誘って誘惑したか、神が空気を吸うために歩き回ったり、また楽園から追放された人たちが後になって帰還することを防ぐために門ごとに両刃の長剣が置かれたということしか聞かないなら、あなたはそれらがホメロスの仕事場から採ってきた〔のと同じ〕物語であるとは思わないのか。もしあなたがロトの近親相姦について、また聖なるヒエロニュムスが外的な構成から判断して寓話と呼んだサムソンの全物語について、ダビデの姦淫と年とって凍えた膝に添え寝した少女について、ホセアの売春婦との結婚について読むなら、だれがこれらを慎み深い耳にとってはみだらな物語であるとして拒まないであろうか。このような被いの中に、不滅なる神よ、何と輝かしい知恵が潜んでいることか。あなたが福音書の諸々の譬話を初めに外皮によって判断すると、誰がそれらを無学な人たちの作であると考えない人がいるだろう。クルミの殻を砕いてみると、隠された真の神の知恵にして、何かキリストご自身とよく似たものをあなたは確かに見いだすであろう。しかしわたしは自然の事物においても、神秘的な事柄においても、個別的に〔詳しく〕探求していってそれに余りに接近してはならない。事物が卓越しているに応じて、それはいっそう深く隠されており、不浄の目からはるかに遠く隔離されている。

　認識においても同様であって、事物についての正真正銘の真理はいつももっとも深く隠されており、簡単に、あるいは多くの人たちによって把握されることはない。愚鈍な大衆は物事を逆さまにして考え、身体的な感覚にもっとも明瞭なものからすべてを確かに判断するがゆえに、至るところで誤り、迷ってしまう。この大衆は善悪の間違った幻影によって欺されており、逆さまになったシレノスたちに感嘆し、か

32 アルキビアデスのシレノス

つ，それを容認する。わたしは〔大衆の中の〕悪い人たちについて語っているのであって，良い人たちを傷つけようとしてはいないし，悪い人たちでさえ傷つけようとはしていない。というのは〔人間の〕欠陥についての討論は一般的に個々の人格に対する名誉を毀損するもではないから。またわたしはこういうことが当てはまる人がいっそう少ないように願っている。あなたが王笏，勲章，親衛隊を見ると，もっとも晴朗な〔皇帝閣下の〕肩書き，もっとも慈悲深い〔教皇の〕肩書き，もっとも有名な人の肩書きを耳にすると，あなたは君主を崇めたり，何か地上の神性や何か人間に優るものに驚嘆すると思わないだろうか。しかし，この転倒したシレノスを開けてみなさい，そうするとあなたは専制君主を見いだすであろう。ときには市民の敵であり，公共の平和を嫌悪し，不和の種を蒔くにたけた人，善意の人たちを抑圧する人，法の破壊者，都市を壊滅する者，教会を強奪する者，盗賊，瀆神者，近親相姦者，賭博者，一口で言うとギリシアの格言が「災いのイリアス（無数の災難）」[16]と呼んでいるものを見いだすであろう。ある人たちは肩書きや外見によって政務官や国家の守護者であることを示していても，その現実を見ると狼であり，国家の略奪者である。あなたがよく剃られた頭だけを見ると，司祭として尊敬できる人たちがいるが，〔内部にある〕シレノスを観察するなら，彼らが平信徒よりも悪いのを見いだすであろう。あなたは恐らく二, 三の司教を見つけて，その厳粛な奉献の儀式を眺めたり，新しい装飾や宝石や黄金で輝く司教冠，また同じく黄金で飾られた杖，

---

16) エラスムス『格言集』I, 3, 26.

エラスムス『格言選集』

要するに「頭から足までの」[17]神秘的な完全装備のすべてをよく見ると，あなたは明らかに何か天上的な人間に優る人物をその人に期待するであろう。だが，〔あなたが懐いた〕シレノスをひっくり返してみよ，そうしてみるとあなたは好戦的な人，商人，さらに暴君のほか何も見いださないし，まもなくそうした立派な飾りも茶番にすぎないと判断するであろう。さらにわたしが至るところで出会うことを願っていない次のような人たちがいる。だれかが彼らを森のような口ひげ，蒼白な顔色，頭巾付きの衣装，曲がりくねった首，剣帯，厳めしい眉，凶暴な表情によって評価しようとすると，〔執政官〕セラーピオーたちや〔エジプトの隠者〕パウルス[18]たちのようであると主張するであろう。だが，彼らの内を開いて見ると，あなたが見いだすのは単なる道化師，放蕩者，ペテン師，居酒屋に入り浸っている者，そればかりか盗賊，暴君を見いだすであろう。しかし他の種類の隠れ方があって，それがいっそう深く隠されているに応じて，害毒もひどくなっていると思われる。また，確かに〔ギリシアの〕格言にあるように「宝の代わりに炭を見つける」（期待が裏切られる）[19]こともある。再度，わたしは忠告したい，誰の名前も指し示されていないので，どなたもこのようなわたしの発言に不快感をもってはならない，と。誰でもここに挙げられたような人でないなら，自分には関係がないと，また，もしどなたかがご自分の悪さを認めるのなら，忠告はご自分に向けられる，と考えるべである。この二つのうちの一つが〔そのような人ではない〕お方に祝辞を述べることであろう

---

17) エラスムス『格言集』I, 2, 37.
18) パウルスというのはとても神聖なエジプトの隠者を指している。
19) エラスムス『格言集』830.LB., II, 346 E.

32 アルキビアデスのシレノス

し，他の一つは〔その悪さを述べた〕わたしに感謝するであろう。

　終わりに，死すべき種類のすべて人の中には，身体の外観を見ると，人間であり，優れた人たちであるとあなたが主張するような人たちは至るところに存在する。だがシレノスを開いて見なさい，そうすればあなたはその内部に恐らく豚か，ライオンか，熊か，ロバを見いだすであろう。そこには詩人〔ホメロス〕の物語にある魔法使いキルケについて記録されていることとは何か反対なことが起こるであろう[20]。彼女の被害者たちは野獣の姿をしていても，人間の精神をもっているが，わたしが語っている人たちは人間の姿はしていても，畜生よりもひどいものを隠している。それに反して〔外側の〕姿からは，わたしが言ったように，ほとんど人間とは考えられない人たちがいるが，彼らは心の内奥に天使を隠している。

　したがって，この点に世俗的な人とキリスト教徒の区別がある。前者はもっとも粗野なものなら何でも，また目に直接示されるものを受け入れ，かつ追跡するが，その他のものを彼は全く無視するか，疑いなくもっとも劣った順位に置いている。後者はそれとは反対の観点から目には少しも見えないものや，物体的本性からはもっともかけ離れたものだけを追求し，その他のものを無視するか，すべての事物に対する判断を彼が内部にあるものから導き出すがゆえに，いっそう軽蔑して扱っている。アリストテレスが言っているように，人間に固有なものとして所属していない財の中で，最低のもの

---

20) ホメロス『オデュッセイア』第 10 歌にある有名なキルケの物語参照。

エラスムス『格言選集』

は財産である。しかし民衆の間では，否，ほとんどすべての人々の間では，何らかの方法で財産を所有している人がもっとも重んじられており，財産が万人によって「岩や火を通して」[21]追求されている。次に重んじられているのは血統の高貴さであるが，他のもの〔つまり財産〕が何も与えられていないと，それは全くあざけられ，愚かな名前となる。アテネの人コドルス[22]とかトロイの人ブルートゥス[23]——わたしはこの人たちが恐らく実在する人物でないことを知っている——まで，あるいは伝説的なヘルクレス[24]まで血統を遡ることができる者は，半神と見なされている。また文筆の才や英雄的行為で名声を博した人物が無名のままであっただろうか。遠い先祖が戦場で精力的に殺人を遂行した人の名前は名高いものである。精神的な功業によって世界に役立った人は，平凡であって，〔家の広間に〕先祖の像として置かれないであろうか。三番目の分類に入るのは身体の特権である。たまたま身体が生まれつきとても大きく，堅固で，美しく，頑健であると，その人は確かに幸運の身分から脱落していない。それにもかかわらず富が第一位を占め，高貴な生まれが第二位を占め，最下位の関心は精神に属する。だが，もしパウロに従って人間自身を「身体・魂・霊」[25]（わたしは彼の言葉を実際に使っている）という三つの部分に分けるならば，

---

21) ホラティウス『書簡集』I, 1, 46.
22) コドルスはアテネの最後の王であり，わが身を犠牲にして国難を救った。エラスムス『格言集』II, 8, 33 ; IV, 3, 21.
23) ブルートゥスはトロイの陥落後イングランドに遠征したと言われる神話的人物である。
24) ヘルクレスはジュピターとアルクメナの子で，12の功業を成し遂げたギリシア神話の伝説の中で最大の英雄である。
25) パウロ「テサロニケの信徒への手紙 I」5・23.

とりわけ民衆が歓迎するのは, 〔三者のうちの〕最低のものである。それはとりわけ目立っているものであり, 使徒が非難しているものである（ガラテヤ 5・17 以下参照）。中間のもの〔つまり魂〕は, それが霊と結ばれているなら, 使徒が認めている唯一のもであるが, 多くの人たちによって是認されている。しかしわたしたちの最善部分である霊は, そこからわたしたちの幸福がすべて由来するいわば源泉であり, それによって神と結びつけられるのに, 高く評価されていない。そのため多くの人たちは, パウロがあれほど頻繁に説いているのに, 霊が存在するかどうか, また霊とは何かを探求しない。こうして物事に対する大衆の判断は転倒して逆さまとなる。つまり第一に敬意を表すべきものが, メガラの人々のように, 全然考慮されず[26], 全力を尽くして追求すべきであったものが全く軽蔑すべきものとされる。こうして黄金が〔健全なる〕学問に, 古い家系が高潔さに, 身体の資質が精神の賜物に, それぞれ優先され, 真の敬虔が儀式よりも, キリストの戒めが人間の取り決めよりも低く評価され, 仮面が真顔に, 影が実体に, 人工のものが天然のものに, 不安定なものが強固なものに, 瞬間的なものが永遠的なものに, それぞれ優先される。

次に転倒して逆さまとなった見解は, 事物に対する転倒した名称を与える。崇高なものが卑しいものと呼ばれ, 苦いものが甘いと, 高価なものが安価だと, 生命が死と呼ばれる。とにかく, ついでに, 少しばかり事例を挙げてちょっと味わってみたい。愛すると言うことはよく言われているよう

---

26) エラスムス『格言集』II, 1, 79 (Megarenses neque tertii neque quarti.「メガラの人たちは第三にも, 第四にも考えない」)。

に，寛大になり過ぎて人を堕落させるか，それとも純潔と名声とをだまし討ちにするかのいずれかであって，それに優る敵意はありえない〔行動である〕。正義と呼ばれているものは，悪を悪によって，犯罪を〔裁きという〕犯罪によって打ち勝ち，損害を受けた場合にはそれに利子を付けて返済させることを言う。また，できるかぎり童貞〔の生活〕に似せ，淫売屋から遠ざかって，結婚が損なわれてはならないと要請する人は，結婚に対して偏見をもっていると言われる。さらに君主が法律を超えて，かつ，公正なこと以外に権力をもたないように願う人は，つまり君主が真の君主の役割を演じるように望み，それ以上に忌むべき畜生はない，暴君のイメージからできるかぎり遠ざかるように願う人は，裏切り者とか君主の敵だと呼ばれる。他方，君主を間違った教育によって腐敗させ，愚かな意見によって堕落させ，追従によってもてあそび，悪しき助言によって臣下の憎悪をおびき寄せ，戦争と統治に対する荒れ狂う反乱へと突進させる人は，君主の相談役，友人，後援者と言われる。この人たちは，君主が何か暴君の色彩を帯びてくるとその威厳は増大すると言うが，この暴君たるやあらゆる悪事の大部分なのである。民より強奪された税金を幾らかでも軽減させようとする人は，この人たちには公金横領者に見える。ただ一人真実な王である神を幾らか思い起こさせる三つの特別な資質，つまり善意・知恵・権力を君主がもっているとき，善意と知恵という二つの優れた資質を君主からはぎ取って，権力だけを——しかも間違った権力のみならず，全く適切でない権力を——彼に残す人は，君主の友人であると思われるだろうか。もしも権力が善意と知恵と結びついていないならば，暴君的であって，もはや〔君主的な〕権力ではない。民の合意が権力そのものをい

わば〔君主に〕与えたのであって，民意は同じく君主から権力を取り去ることができる。ところが，その間に君主が王座から退けられても，善意と知恵は彼の個人的な徳として伴われる。君主の勲章を辱めることは死罪に当たっており，君主の心を損傷し，善人から残酷な者に，知者から狡猾な者に，力ある人から暴君に変える人たちに対する報酬などあるのか。君主の盃に毒物を盛って殺そうと試みた者に，ただ死をもって報いるのでは十分ではない。また，君主の精神をもっとも有害な意見でもって腐敗させたり，毒殺したりして，いわば国家公共の泉を汚染し，全世界に最大の悪をもたらす人は，報酬をえるであろうか。君主が実際に為すべきことは共通善を管理することだけであるのに，君主の公務は支配であると言われる。王たち相互の姻戚関係や繰り返し新たにされる同盟はキリスト教的な平和の絆と呼ばれているが，わたしたちが見るところでは，この源泉からほとんどすべての戦争と人事のもっとも激しい動乱が生まれてきている。正義のための戦争と言われるものも，君主たちが互いに国家を消耗させ，圧迫させるべく行われる戯れなのである。平和と呼ばれるものも，この点においても君主たちが相互に共謀することに過ぎない。とても多くの市民を略奪し，多くの血を流し，こんなに多くの未亡人と孤児たちを生み出す犠牲を払って，彼らが一つか二つの小さな町の名前を奪い取ったとき，領土が増したと言われる。

　同様に司祭や司教，また最高位の教皇たちは，実際には教会の奉仕者にほかならないのに，「教会」という名称で呼ばれる。彼ら以外のキリスト教徒の民が教会なのであって，キリストご自身はこのキリスト教徒を「より偉い人」と呼んでいる（ルカ 22・26 参照）。その意味は司教たちはキリスト教

徒たちが〔食事するために〕横になっているとき[27]，彼らに奉仕すべきであると言うことである。司教たちは〔奉仕者としての〕従順においては低い地位にあるが，〔奉仕の〕義務を継承し，その様式と生活を模倣することでキリスト——彼はあらゆる点で君主にして万物の主人であるが，主人の役割ではなく，奉仕者の役割を担いたもう——を再現しさえするなら，別の理由で偉大である。稲妻はすべて，司祭の財布から僅かなお金をだまし取った人たち——彼らは教会の敵とかおよそ異端者と呼ばれるのだが——に向かって落ちる。わたしとしてはだまし取ることに味方などしていないが，もし本当に教会の敵を憎むことが有益であるなら，不敬虔な教皇よりも教会にとって危険で悪質な敵はありえないのではなかろうか。司教職の土地や財産が少なからず減少したりすると，至るところでキリスト教会が攻撃を食らっていると叫ばれる。世界が戦争にかき立てられているとき，司教の明らかに堕落した生活が幾千もの魂を破滅へとおびき寄せているとき，教会が今や本当に破滅に瀕しているのに，誰も教会を襲っている運命を嘆かない。民の間に敬虔が増すことなく，悪徳が減少しないで，有徳な風習が増すことなく，聖なる教えが繁栄せず，その反対に祭壇が黄金や宝石で輝いているとき，否，むしろ祭壇が軽視され，財産・大勢の召使い・奢侈・ラバ・馬・贅沢な，というよりもむしろ宮殿構えの住居・その他，喧噪の生活によって司教をペルシアの地方長官に等しくするとき，教会が飾られ，名誉が授けられていると呼ばれる。また教皇の公文書の中に次のような讃辞が記入さ

---

27) 古代社会で人々は横になって食事していたので，このように言われる。

れていることも正しいと見なされてさえいる。「しかじかの枢機卿があれほど沢山の馬とこんなにも多くの東方の高官を家で養っており，神の教会を異常なほどに飾っているがゆえに，わたしたちは彼に第四の司教座の地位を授ける」と。そうすると教会を飾るために司教，司祭，聖職者たちは紫衣や絹織物で盛装することが命じられることになる。これはまた何とも驚くべき教会の威厳であることか。わたしたちが高潔という名辞を喪失してしまった後では，何が一体残るというのか。というのも，わたしたちは教会の収入を罪深い目的のために浪費し，庶民にとても大きな躓きの石となっている人たちのことをここで想起したくないからである。この人たちに何か〔醜悪なこと〕がさらに加わると，ただ一つ真実なる教会の利益はキリスト教的な生活が前進することであるのに，わたしたちは祝辞を述べて，キリストの教会が〔前進して〕大きくなったと言うのである。

　だれかがクリストフォロスやゲオルギウス[28]について不十分にしか敬われないで語るならば，あるいはあらゆる聖人のあらゆる物語を福音書と同じように語らないならば，彼らはそれを冒瀆と呼ぶのである。しかしパウロは，キリスト教徒の不敬虔な振る舞いによってキリストの名前が異邦人の間で汚されるたびごとに，それを冒瀆と名付けている（ローマ2・24）。実際，福音書の中でキリストが財産を軽視するように，快楽を退けるように，名声を無視するように促しているのをキリスト教の敵たちが見るとき，またそれとは正反対に，キリスト教を公に告白している重立った指導的な人た

---

[28]　クリストフォロスやゲオルギウスは古代キリスト教会の伝説的聖人であった。『黄金伝説』を参照。

ちが，富を積み上げるのに熱心であり，快楽を愛しており，生活が華やかであり，凶暴な戦争やその他の悪徳のほぼすべてにおいて異邦人たちを上回っているような生活をしているのに気づいたとき，彼らのどのような発言が道理にかなっているであろうか。賢明な読者は，わたしがキリスト教徒の名前がもつ名誉を考慮して，ここでどれほど沈黙しているか，どんなに嘆息しているかを理解するであろう。彼ら〔キリスト教の敵たち〕が福音書の中でキリストが教育や儀式また食事〔作法〕によって信奉者たちを区別しないで，相互的な愛によってむすび合わせられるなら，この目印によってキリスト教徒を識別なさろうとされたのを見るとき，またその後でわたしたちが互いに一致することがなく，同じ氏族に属する〔異教の〕一門が〔わたしたちよりも〕いっそう恥ずかしく，かつ，破滅的な騒動を決して起こさないでいるのに彼らが気づくとき，あなたは彼らがどんなに大笑いしたと思いますか。君主は君主に闘いを挑み，都市は都市と戦い，学派は学派と，（今人々がレリギオと呼んでいる）信心は信心と一致することはないし，諸々の口論・党派・訴訟がわたしたちのすべてに満ちている。このようなことだけが真の冒瀆なのであって，その首謀者たちは都合のよいときに適当にそれを操っている。

　彼らは，だれかが，何らかの仕方で，神学の大家たちとごく小さな見解で，単に文法に関してであっても，異なる何かを言ったり書いたりしたときに，その人を異端と呼ぶのだ。それなのにキリストがご自身で至るところで軽蔑するように教えたことを人間的な幸福のためにとても重要な部分として

32 アルキビアデスのシレノス

持ち出す者[29]は異端ではないのか。福音書の戒めと使徒たちの教えから遥かに異なった生活の仕方を導入する者は異端ではないのか。キリストの考え（ルカ22・35以下参照）に反対して，福音を宣教すべく出発しようとする使徒たちが霊の剣[30]（これだけがすべての地上的な情念を断ち切って，剣を不必要とすることができる）の代わりに，迫害に抗して自分を擁護するために鉄の剣で武装する人は異端ではないのか。剣という言葉のもとで投石機・大砲・攻城用具・その他の戦争の武器が理解されなければならないことに疑うの余地はない[31]。金銭を持ち運ぶ合切袋(がっさいぶくろ)を負わされているとき，人はどんな場合でも恐らく何ら不足を感じないだろうが，合切袋という言葉のもとでこの世の生活の備えに属するすべてが理解されるように望まれている。そしてこのことを教える人〔つまりイエス〕は偉大な神学者の中でよく引き合いにだされるのだ[32]。

もしだれかが神殿から何かを持ち出すならば，それは償うことができない冒瀆罪である。それなのに生ける神の神殿である貧しい人たちや寡婦たちを強奪し，欺き，抑圧することは軽微な罪であろうか。それは至るところで君主たちや高名な人たちによって，ときには司教たちや大修道院長たちによって行われている罪である。戦いや精液の流出によって神

---

29) ここにスコラ学者リラのニコラウスの名前が1515年版のテキストでは付けられていた。しかし1523年版ではその名前が削除された。

30) エフェソの信徒への手紙6・17に「霊の剣」という言葉がある。

31) エラスムス『ユリウス天国から閉め出される』267参照。

32) 難解な文章であるが，ルカ福音書22・35以下が考えられていることは確かだ。そこでは財布と袋と剣のことがイエスによって話されている。これらのものをもたなくても使徒たちは宣教に携わっているとき何ら不足はなかった。だが，今はそれらをもっていけと命じられている。

145

聖な神殿を汚す人は冒瀆者である。また「聖霊の神殿である」（Ⅰコリント6・19）清い貞潔な乙女を甘言や贈り物また約束事や誘惑でもって犯したり，堕落させたり，辱める人をわたしたちは憎悪しないであろうか。このようなことを行う人は一般に素敵なエレガントな人と言われている。前に明らかにしたように，わたしは悪事を擁護しているのではない。わたしが提示したいのは，大衆となった人たちが，気づかれることが少ないこのより真実なものよりも，自分の目で見たものを遥かに多く取り入れてしまうということである。石造りの神殿が聖別されているのをあなたは見ていても，精神の奉献の方は見えないので見過ごしてしまう。神殿の装飾を防衛するためにあなたは激しく戦うが，道徳の完全性に仕えるためには，キリストが貴重な上着を売ってでも用意するように命じた，あの福音書にある剣を取ろうとはしなかった（ルカ22・36参照）。だれかが司教職の支配と財産を擁護したり増大するために武器を取り，戦争の混乱に乗じて聖なるものと俗なるものとを混同する[33]なら，それは最高の敬虔であると言われる。しかしながら〔司祭が所有する〕供犠のためのお金を防衛するのは確かにとてもつまらないことであるが，わたしたちが戦争を認めるとき，何と大きな洪水〔変動〕をすべての宗教に引き込んでいることか。実際，戦争が起こることで引き寄せないような，どんな悪が総じてあるだろうか。

　だが，ことによると，その間に「この鼻につくものは何を狙っているのか」[34]と語っている，読者の心に秘められた考

---

33) エラスムス『格言集』I, 3, 82.
34) ホラティウス『諷刺詩』II, 7, 21.

32 アルキビアデスのシレノス

えがわめき出すかも知れない。「お前はプラトンがその国家の守護者となしたような君主となりたいのではないか。お前は神官（祭司）たちから権力・威厳・栄光・富を奪い取り、使徒たちの合切袋や司教杖を復権させようとするのか」。とんでもないことだ。わたしは彼らから何も奪ったりしないで、もっと高貴なものでもって彼らを豊かにしたい。わたしは彼らの所得から何かをくすねたりしないで、もっと良いものに駆り立てたい。わたしたち〔次のようなあなたとわたし〕の内のどちらが王の卓越さについて素晴らしい考えをもっているのか、わたしはあなたに質問したい。あなたは王が好むがままになすことが許されるように願っており、彼が君主よりも独裁者であることを願い、諸々の快楽でもって彼を満足させようとし、放蕩にゆだね、あらゆる欲望の奴隷や隷属者となし、平凡な下層民の一員より以上のことを何も味わわなくさせ、異邦人の間でさえいつも軽蔑するほうがすばらしいと考えられたものでもって彼に重荷を負わせている。それとも〔わたしのほうか〕わたしは、君主が、その像を何か身につけている神に、できるかぎり似るようにと欲する。わたしは彼が王に独自の栄誉である知恵において他の人たちに優っており、卑しい情念のすべてや粗野な下層民が罹りやすい、心の病のすべてから全く解放されており、彼が卑俗なものに感嘆しないように、資力において優っており、心が身体に対して、神が宇宙に対しているように、彼が国家に対して存在するように願っている。わたしたちの内のどちらが司教の尊厳についていっそう真実に吟味していたのであろうか。あなたのほうか。あなたは世俗の権力を彼に負わせ、卑しく汚れた心配事に陥れ、戦争の動乱に巻き込んだのである。それともわたしのほうか。わたしは彼がキリストの代理

147

エラスムス『格言選集』

人や天上の花嫁たちの守護者として地上の汚染のすべてから完璧に清い者となり，その地位と役目とを遂行するお方にできるかぎり似るようにと願っている。ストア派は心の病から解放されていないなら人は善くありえないと主張する。ところが彼らは心の病を情欲とか感情とか呼んでいる。そうなら，そうした病から解放することは遥かにキリスト教徒の義務であるばかりか，とりわけ君主たちの義務である。また，わたしは他の人たちよりも君主と教会の神父，つまりかの天上の民の天上の君主についてもう一度言いたい。わたしは司祭が治めることを望んでも，この天上の人たちによって人に重荷を負わすような世俗的な発言をすることは不当であると判断する。わたしは教皇が勝利することを何よりも望んでいるが，呪われたマイウスと不敬虔なユリウス[35]が行ったような血みどろの勝利を望んでいない。それは皮肉な冗談でもって罵倒されるほどに無益なものであり，あの有名なデモクリトス[36]がそれを眺めたら，あざ笑って死にそうになったことであろう。そうではなく真に偉大な勝利であり，アレクサンドロス大王よりも遥かに素晴らしい戦士にして指導者なるパウロが述べている，使徒的な勝利である。彼はあたかも自分に対する讃辞を歌っているかのように誇示する。彼は言う，「わたしは彼らよりずっと多く苦労し，投獄されたことも多く，鞭で打たれたことも比較できないほど多く，死ぬようになったのもしばしばです。ユダヤ人から四〇に一つ足りない

---

35) マイウスはローマの将軍で，勝利を三度の祝い，ユリウス・カエサルは紀元前46年に四重の勝利を祝った。その前にある教皇の勝利とは教皇ユリウス二世のことを指し，エラスムスは1507年にその凱旋を見たと証言している。

36) シニック派の二人の哲学者を指している。

32 アルキビアデスのシレノス

鞭を五度受け，三度鞭で打たれ，一度石を投げつけられ，三度難船し，一昼夜深い海に漂いました。しばしば旅をし，川の難・盗賊の難・同胞からの難・異邦人からの難・町での難・荒れ野での難・海上の難・似非兄弟からの難に遭い，苦労し，骨折って，しばしば眠らずに過ごし，飢え渇き，何度も断食し，寒さに凍え，裸で過ごしました。その他に外から迫ってくること，つまりすべての教会に対する心配事がありました。だれかが弱っているのに，わたしが弱らないでいられるであろうか。だれかが躓いているのに，わたし〔の心〕が燃えないであろうか」（Ⅱコリント 11・23-9）と。再びパウロはそれより少し前に言う，「あらゆる場合に神に仕える者として自分自身を示しています。大いなる忍耐をもって，苦難・欠乏・行き詰まり・鞭打ち・監禁・暴動・労苦・不眠・飢餓においても，純真・知識・寛容・親切・聖霊・偽りのない愛・真理の言葉・神の力によってそうしています。左右の手に義の武器を取り，栄誉のときも屈辱のときも，悪評を受けても好評のときにもそうしています。わたしたちは人を欺いているようでも真実であり，〔人に〕知られないようでも知られており，死にかかっているようでも，見てください，生きており，罰せられているようでも死んでおらず，悲しんでいるようでも喜んでおり，多く欠乏していても人々を富ませ，何ももっていないようでもすべてを所有しています」（同 6・4-10）と。これらが使徒にとってどんなにふさわしい戦いであり，勝利であり，凱旋であるかを，あなたはおわかりです。これはパウロが何か聖なるもののようにしばしば誓っている栄誉なのである。それらは，彼が不滅の栄冠が報いられると確信する，卓越した行為である。使徒たちの地位と権威を自分に要求する人たちは使徒たちの足跡に従って

歩むことを煩わしく感じないであろう。

　わたしは教皇たちができるかぎり裕福であることを望んでいるが，それは福音書の語っている真珠という天上的な財産によって裕福なことである。彼らは自らこの財産を有り余るほど所有するに応じて，ますます惜しみなく万人のために使い果たすであろうし，気前のよさが気前のよさを滅ぼすような危険はないであろう[37]。わたしは彼らができるかぎり防御されることを望んでいるが，使徒の語っている武器，たとえば「信仰の盾」，「正義の胸当て」，「神の言葉である救いの剣」（エフェソ6・16-17）によって防御されることである。わたしは彼らが戦闘的であることを望んでいるが，それは教会の真の敵，つまり聖職売買・高慢・色欲・野望・怒り・不敬虔に敵対してなのである。こういうものはキリスト教徒たちがつねに警戒し，かつ敵対すべきトルコ人である。この種の戦争には司教は将軍であり，激励者であるべきだ。わたしは司祭たちが専制的な喧噪のためではなく，卓越した聖なる教えと顕著な有徳さのために真っ先に歓迎されるべきであると願っている。また単に彼らの肩書きとか荘重な衣服のゆえにではなく，生活の完全無欠さと厳格さのゆえに彼らが敬われるべきだと願っている。彼らが恐れられるのを願っているが，それは父としてであって暴君としてではない。またそのようにわたしが願うのは，彼らが単に悪人たちによって恐れられるだけでなく，邪悪な人たちが恐(こわ)がりひどく嫌うよりもむしろ敬うような人になるためである。要するに，わたしが願っているのは，彼らが一般の人たちに知られている楽しみ

37）　キケロ『義務について』II, 32 を参照。そこでは「気前のよさが気前のよさを取り去る」と語られる。

よりも遥かに喜ばしい稀なる楽しみで満たされることである。

　あなたは真に最高の教皇にふさわしい富について聞きたいのか。教皇たちの君主に近い人〔ペトロ〕から聞きなさい。「わたしには金や銀はないが、わたしがもっているものをあげよう。イエスの名によって立ち上がり、歩きなさい」（使徒言行録3・6）。あらゆる肩書きに優り、すべての凱旋門や肖像に優る使徒の名称がもつ栄光を聞きたいのか。あの真に有名なパウロの言葉を聞きなさい。彼は言う、「わたしたちは」あらゆる点で「神にとってキリストの良い香りです」（IIコリント2・15）と。あなたは王に優る権能について聞きたいのか。彼は言う、「わたしを強くしてくださるお方によって、わたしはすべてを為しうる」（フィリピ4・13）と。その栄光について聞きたいのか。「あなたがたは主にあってわたしの喜びと冠である」（同4・1）。あなたは司教にふさわしい肩書きと真の教皇の飾りについて聞きたいのか。同じパウロはあなたにそれを次のように描写する。「節度があり、〔一人の妻で〕満足しており、賢明であり、貞潔であり、親切にもてなし、学識があり、乱暴でなく、人を殺さず、慎み深く、争わず、利益を求めず、信仰に入って間もない人ではなく、教会の外の人々からも良い評判を得ている人であり、非難されたり悪魔の罠に陥らない人」（Iテモテ3・2-3, 6-7）と。モーセがどんな装飾でもって最高位の祭司アロンを飾っているか、どのような財産を彼に授けているか、どんな色彩でもって彼を描いているか、星のように輝く色々な宝石をもって彼を装っているか、黄金の燦めきで彼を飾っているか熟考しなさい。もしあなたがこのようなことが何を意味

エラスムス『格言選集』

するかをオリゲネスやヒエロニュムスの解釈[38]から知るようになれば、あなたは真に偉大である司教たちがどんな礼服を用意すべきかをもちろん理解するであろう。

教皇たちはその肩書きで思い起こさせ、その職務〔のすべて〕を占めている、鉛の印鑑を使って生み出す者どもよりも、むしろその生涯においてどんな人たちを生み出すべきであろうか。キリストの代理人〔である司教たち〕は、教会の唯一の指導者にして支配者である、キリストご自身よりも、偉大なる強盗にほかならないユリウス、アレクサンドロス、クロエススとクセルクセスを模倣すべきであろうか[39]。キリストはご自身の国がこの世のものであることを明らかに否定された。それなのに、あなたはキリストの後継者がこの世を支配するのを容認するばかりか、この世の支配を獲得しようと努め、そのためには諺に言う「石をも動かす」[40]ことに同意するのか。

この世にはあらゆる仕方で相互に戦っているいわば二つの世界がある。一つは粗野で有形のものであり、他方は天上的であり、いつかは到来するであろうものをもうすでに全力を尽くして実現しようとする。前者の中で第一のものは、できるだけ真の善から遠ざかって、虚偽なるものを担っている人である。たとえば異教の王がそれであって、彼は色欲・奢

---

38) オリゲネス『出エジプト記の説教』XIII, 2、ヒエロニュムス『書簡集』53, 8 参照。
39) ユリウス、アレクサンドロスはそれぞれ同時代のユリウス二世とアレクサンデル六世を指している。クロエススはリデアの最後の王で、巨富で有名であり、クセルクセスはペルシャ王で、その在位は紀元前485-65年であった。
40) エラスムス『格言集』I, 4, 30、(Omnem movere lapidem. LB. II, 161D) を参照。

32　アルキビアデスのシレノス

侈・暴力・傲慢・尊大・富・強欲においてすべての人を出し抜いており，この〔汚物の〕垢がことごとく彼に染みこんでおり，知恵・節制・冷静・正義・真の善であるその他の性質ができるだけ少ししかないがぎりで，第一人者と見なされる。この最高である人に正反対なのは，あのような平俗で粗野な祝福によって少しも汚れておらず，あの真実な天上的な富の源泉によってもっとも豊かにされている人なのである。それなのに，どうしてあなたは，キリスト教君主が異教徒の哲学者も絶えず非難し，かつ，軽蔑していた者であるのを願うのか。どうしてあなたは君主の威厳を，軽蔑することがもっとも立派である事柄に置くのか。どうしてあなたは神の天使——実際，司教はこのように聖書で呼ばれている[41]——に善人にふさわしくない重荷を負わせるのか。どうしてあなたは盗賊たちを富ませ，専制君主らを恐るべき者とする，財産によって司教を評価するのか。司祭たちは何か天上的なものであって，人間以上の者であろうか。彼らを崇高にするのは天上的なもの以外に何もないのだ。どうしてあなたは彼らの尊厳をありふれたものでもって侮辱するのか。どうしてあなたは彼らの純潔を世俗的な汚物をもって汚染させるのか。どうしてあなたは彼の権力でもって彼を力ある者にさせないのか，彼の父の栄誉によって高貴になるようにさせないのか。尊厳によって敬われるようにし，その財産によって富ませるようにさせないのか。この人は教会である天上の共同体から選ばれており，あの天上の霊によって最高の仕事に派遣されている。どうしてあなたは彼を〔ペルシャの〕太守らの狂暴な反乱へと誘い出すのか。パウロは「引き離され〔て

41）　ヨハネ黙示録 2・1, 8, 12, 18；3・1, 7, 14 参照。

153

選ばれ〕たこと」(ローマ１・１)を誇っている。どうしてあなたはわたしの司教をもっとも卑しい下層社会のくずの中に沈めるのか。どうしてあなたは〔その品位を貶めて〕彼を高利貸しの心配事へ追い込むのか。どうして神聖なことに関わる人をほとんど人間にふさわしくないような仕事に引き下ろすのか。どうしてあなたはキリスト教徒の司祭たちの幸福をこうしたことでもって判断するのか。それらをデモクリトスはもっとも愚かなこととしてあざ笑ったし，ヘラクレイトスはもっとも哀れなことだと泣いたし，ディオゲネスはくだらないと軽蔑したし，ソクラテスは煩わしいと投げ捨てたし[42]，聖人たちは有害なものとしてそれらから絶えず逃走していた。どうしてあなたはペトロの後継者たちをその財産によって評価するのか。ペトロ自身がそれをもっていないことを誇っているというのに。使徒たち〔の模範〕に従った君主たちは，使徒たちが足で踏み付けることでその偉大さを示した，あのうわべの装飾〔を踏みにじること〕で彼らの偉大さを示すべきであると，どうしてあなたは欲しないのか。ペトロ自身が持っていないことを誇っていたものを，どうしてあなたは「ペトロの世襲財産」と呼ばないのか。キリスト自身が「茨」と呼んだ「富」(マタイ13・22参照)によってキリストの代理人〔司祭や司教〕がどうしてわなにかけられるとあなたは考えるのか。どうしてあなたは，神の言葉の種を蒔くことがその人の本来的な主要な義務である者を，彼が蒔いたものをとりわけ絞め殺すような富をもって圧倒するのか。どうしてあなたは公正を教える人や裁き人を不義なるマモン

---

42) ペルシウス／ユウェナーリス『ローマ諷刺詩集』国原吉之助訳，岩波文庫，238頁以下にはこれらの人たちの考えが述べられている。

〔財神〕の奴隷にしようとするのか。どうしてあなたは天上の諸々の秘儀を司る人をもっとも卑しい事物の管理人とするのか。このような人からキリスト教世界は聖なる教えの糧を得ようと期待するのか。救いに導く忠告を得ようと期待するのか。父としての慰めを得ようと期待するのか。生きるための規範を得ようと期待するのか。どうしてあなたは，あんなにも崇高な事柄をめざすように定められたり，そのように召されている人を，低俗な関心事に満ちた奴隷の収監所に追いやるのか。同様にどうしてあなたは司教からその尊厳を奪い取って，民を司教という父のない孤児とするのか。

　キリストはご自身の王国をもっており，それは異教の王国によって，いっそう正確に言えば暴君によって汚されるに値していたほどに卓越していた。彼はご自分の威光・財産・楽しみをもっている。どうしてわたしたちは相互にひどく矛盾し合うものをそれと混同するのか。どうして地上のものと天上のものとを，最低のものと最高のものとを，異教とキリスト教とを，俗なるものと聖なるものとを混同するのか。もっとも富んでおり同時にもっとも情け深い霊の賜物，言語の賜物，預言の賜物，健康の賜物，知識の賜物，知恵の賜物，教えの賜物，「諸霊を識別する力」（Ⅰコリント 12・10），奨励と慰めは，こんなにも多く，かつ，偉大である。どうしてあなたはこのような神聖な宝物蔵と世俗世界の諸々の賜物とを，〔この後者を〕根絶するとまで言わなくとも，結びつけようとするのか。どうしてあなたはキリストとマモンとを，キリストの霊と〔悪霊〕ベリアルとを結びつけようとするのか（Ⅱコリント 6・15 参照）。司教の冠と兜，神聖な聖体布とマウリ一族の銅鎧，聖別式と大砲を撃つこと，憐れみ深い羊飼いと武装した盗賊と何の関係があろうか。司教職と

戦争とは何の関係があろうか。どうして天国の鍵をもっている人〔ペトロの後継者〕が攻城用具でもって町を破壊するのか。平和を祈願して人々に挨拶する人が戦争の発起人となることは彼にふさわしいであろうか。船首から船尾まで〔徹頭徹尾〕[43] その地位を金銭で確立している人は，どんな顔をして一般のキリスト教徒に富を軽蔑すべきであると教えるであろうか。小さな町を支配するために，あるいは塩の賦課金をえるために戦争の動乱を世界に引き起こすような者[44]が，キリストが教えかつ実行して示したことを，使徒たちが悪人に手向かうべきではなく（マタイ5・39参照），悪人どもの邪悪さに善をもって克服し，侮辱には親切心をもって報い，敵には善行をもって制圧すべきであるとしばしば教え込んだことを，どんな面をして厚かましくも教えるであろうか。この世の国に全面的に埋没している者がどのようにして天上の国（キリストはご自分の教会をこのように呼んでいる）に導く指導者になれるというのか。

　だが，あなたがとても敬虔であって，このような富の追加でもって教会を飾ろうと願っているとしてみよう。わたしはその計画を承認したいが，僅かな利益と一緒にこんなにも大きな悪事を引き寄せるなら話は別である。あなたが彼に支配権を与えたならば，あなたは同時に彼に富を蓄積するという厄介ごと，暴君の支持者たち，鉄壁な軍隊，密偵たち，馬，騾馬，喇叭，戦争，死骸の山，凱旋，動乱，同盟，戦闘，一口で言うと，それなしには支配権を運営できないすべてのも

---

43) エラスムス『格言集』I, 1, 8 参照。
44) 教皇ユリウス二世の起こした戦争を指している。彼はリガとロマナという町における教皇の支配権を取り返すために二度の戦争を起こし，ベネチアとフランスに対する戦争は塩の商いとも関連している。

のを与えたのである。彼に使徒的な役目を実行する暇があったとき，さまざまな数多くの厄介ごとを引きずっている人に実行する精神があるだろうか。そうしている間にも，軍隊を召集するように決められているし，諸々の盟約を取り決めたり廃止したり，支配に服さない人たちに圧力をかけたり，新しい事態をめざす人たちを同盟に引きとどめさせたり，敵を攻略したり，城塞の防備を固めたり，計画を聞いたり，不信仰な使節団に対処したり，地方総督を宴会で歓迎したり，友人たちを顕職に昇進させたり，〔そのために〕もっと〔才能に〕恵まれた人たちに地位を授けるべく任命されていた人たちを追い払ったり，その他に言及したくないが，それでも起こらざるを得なかったことが生じている。司教や枢機卿を神と会話している祈りから，天使と交際している聖なる観想から，至福にも人々が散策する緑の草木で覆われた聖書の草原から，彼らがとりわけキリストを再現している福音を宣教する使徒的な任務から，このような汚物の集積へと引きずり下ろすべきだと考える人が，彼らの卓越性を理解しているとあなたには思われるのか。彼らが享受していたこんなにも偉大なる至福の生活と静謐からこのような激しい労苦と喧噪状態へと誘い出すことを熱望する人は，彼らに良かれと願っているとでもあなたには思われるのか。

　そして実際，王国はその本性上無限の労苦にさらされており，同時に平信徒たちよりも司祭たちによってうまく運営されるようになることは遥かに少ない。そこには恐らく二つの理由があろう。その理由の一つは，一般の人々がこの領域では聖職者たちよりも世俗の指導者たちに快く従う備えがあるからであり，もう一つの理由は平信徒たちがその子孫に富を残そうとして王国が繁栄するようにと専念するからであ

エラスムス『格言選集』

る。それに対して聖職者たちはどちらかというと遅れて，普通にはもう老齢になってから支配するべく採用されているように，継承者のためではなく自分の利益のために努力し，政務官の任務というよりもあたかも提供された戦利品のように〔王国に何かを〕与えるよりも強奪する。それに加えて世俗の政治家が権力を握ると，恐らく一度は王国のために激しく戦わねばならないし，一度は君主の寵臣たちの評判を高め，彼らを豊かにするために何かを企てなければならない。しかしそうでない場合でも，以前彼がその地位を昇進させた人たちが自分の地位を奪われ，その地位に新たに就いたこの人やあの人が，公共のものを犠牲にして豊かにされなければならないため，しばしば激しい戦闘が新たに起こってくる。また次のことも重要である。民はもう慣れてしまった彼の支配にたとえ彼がいっそう過酷な要求をしても，全く容易に我慢してしまう。また彼が死んでも，遺産を継いだ息子のなかにまだ生き残っているように思われ，平民はその君主が他の人に変わっておらず，同じ人が生き返ったと考えてしまう。子どもたちがともかくもその両親の生き方を，とくに訓育されている場合には，再現することはよくあることである。その反対に神から〔奉仕するように〕任命された人物たちに支配がゆだねられると，大抵の場合にあらゆる点で突然の変化が起こってくる。これに加えてあなたがたの聖別されていない支配者が，ある考えと幼い頃からの教育をもって権力の座に近づいて来くる。あの最高の権力がしばしばすべての人の期待に反してあの〔別の〕人に与えられると，運命の戯れによって本性的に舵を取るように生まれついた人が権力の座に引き上げられるようになる。すると遂に，かつ，すぐさまヘラクレスとその二つの怪物のように，一人の人が二つの異なった

分野で同等の管理する能力を発揮するということも起こりうるのである。よい君主の役割を演じることはまことに困難なことである。しかしそれはとても素晴らしいことであるが，同時によい司祭の役割を果たすことは遥かに困難なことである。両者の役割を一度に果たすとは一体全体なぜなのだ。両方の仕事を身に引き受ける人は，必然的にどちらをも満足させないことにならないのか。わたしが間違っていなければ，世俗的な王たちの都市が富・建造物・力においてますます繁栄するのが見られるのに，司祭らの町は活気がなく，沈んでいくことが当然のことながら必ず起こってくる。

　こんなにも多くの不利な点が随伴してくることをこのように追加する必要が何かあったのか。それとも世俗的な暴君がその権力の中から何かを分け与えないなら，キリストが自分の資産だけでは力が余りにも弱いのをあなたは危惧するのか。世俗的な戦士が黄金の錦織，白色の戦車，従者たちを彼に与えないとしたら，つまり彼を誇示するために何かを添えないと，キリストはみすぼらしくあなたに思われるのか。もっとも野心的な男であったユリウス〔・カエサル〕が悪評を恐れて拒絶した勲章〔王冠〕を使うことが許されないなら，キリストの輝きは不十分だと思われるのか[45]。キリストが世俗的な権力——それを自分のために使えば彼を暴君となし，国家のために使えばきわめて多忙となす——を担っていなかったなら，取るに足りない〔人物である〕とあなたは思うのか。世俗的な人には世俗的なものを持たせておけ。司教には全帝国の頂点よりも最低のものに就くことが優っている。あなたが現世の良きものを増加させるに応じて，キリ

---

[45] スエトニウス『ローマ皇帝伝』79, 2 参照。

エラスムス『格言選集』

ストはご自身のものを少ししかあなたに分け与えないであろう。その人が前者から清められていくだけ，後者でもって益々惜しみなく豊かにされるであろう。

　あなたがシレノス像を開いてその内側を見るならば，万事は相違した結果となることを理解なさるとわたしには思われる。キリスト教君主の最高の味方であると思われていた人たちが君主の最大の裏切り者にして敵対者であることをあなたは見破っている。教皇の尊厳を維持しているとあなたが言っていた人たちは，事実はそれを汚す人たちであることをあなたは調べて確認している。だがわたしがこのように言いたかったのは，権力や富の何らかの手段でもって偶然えたものを——それをえて大騒ぎすることは敬虔の人には喜ぶべきことでないので——司祭たちから取り去るべきだと考えたからではない。そうではなく司祭たちは自分の偉大さを自覚して，それを忘れずにいて欲しいからである。こうして異教徒のとは言わないでも平民の生き方を進んで放棄し，最低の人たちに譲るか，それとも所有したとしても，少なくともそれを軽視し，パウロに従って「持っていないかのように持つように」（Ⅰコリント7・29）すべきである。要するにわたしが願っているのは，この世の輝きから与えられたものは何であれ，より優れた光によって目立たなくされる仕方で，あるいはその光りと比較すると〔与えられたものが〕つまらなく思われても，彼らがキリストの豊かさによって飾られることである。その結果，彼らが所有しているものがいっそう安全となるため，彼らはいっそう幸福となるであろう。なぜなら彼らはだれかに奪われはしないだろうかという恐れによって悩まされないし，たとえ彼らが何か〔その一部分〕を放棄するとしても，はかなくつまらない事物によってこんなにも大き

な騒動に巻き込まれて戦うようにはならないからである。最後に彼らは他人のもので豊かになるのを喜んだりしている間に，自分らの幸福を失ったりしないであろう。彼らは現世のもろい宝石を熱心に追求していって福音の真珠を失ったりはしないであろう。その際，わたしたちが軽蔑しようと欲するもの自体が，〔本当に〕軽蔑されるなら，いっそう豊かに与えられるし，それを追いかける人たちによってかき集められるよりも，そこから逃走する人たちのほうがいっそう尊敬に値するようになるという事実を，わたしがここで言わなくてもよいであろう。実際，財産を軽蔑しないとしたら，教会の財産はどのように生まれてきたであろうか。栄誉を軽視しないなら，どこから栄誉が生まれるのか。平信徒たちは自分たちよりも賢いと思う人たちによってそれら〔財産と栄誉〕が退けられるのを見るなら，益々喜んでそれらを献げるであろう。

　ことによるとわたしたちは時に悪い君主たちでも我慢し，彼らが占めていたと思われる地位を覚えて何かを考慮し，彼らの肩書きに何か譲らなければならないかもしれない。わたしたちは下手に試すといっそう重大な危険となるかも知れないような救助策を試みるべきではないであろう。だが，もし彼らの生活のすべてが決まって異様なものであるなら，その場合には，人事が何と悪い仕方で営まれていることか。その異様な生活は，悪人どもが拍手喝采し，善人たちがため息をつき，かつ呻き始めるほどであり，その高い地位が邪悪の者どもの支持・中流階級の自制・素朴な民の無知・善人の忍耐に依存しており，その無事が民衆の不一致からもたらされ，市民の不一致によらねば偉い人とはならず，その幸福が総じて民の不幸によって養われるほどなのである。

エラスムス『格言選集』

　もしも司祭たちが正しい方法で物事を評価するなら，世俗の権力の増大はとんだ不運をもたらすので，たとえ気前よく提供されたとしても，わたしたちは異議を申し立てるべきである。彼らは君主と宮廷の奴隷となり，騒乱の標的となり，戦乱に巻き込まれて，息を引き取るのである。簡単に言うとその結果，君主は大勢の立派な召使いをもっていても，その間にキリスト教の民の父たちはどこにいるのであろうか。民の牧者たちはどこにいるのか。修道院長や司教たちがこの種の肩書きを大金をはたいて君主から買い取っているのに対して，わたしたちはどうすればよいのか。修道院長は廷臣とならなければ，立派だとは考えられない。将軍の肩書きを購入した司教職は敬意を表されているように思われる。修道院長と〔ペルシャ総督の〕太守，司教と戦士というのは，まあ何とも素晴らしい対の言葉であることか。だが，もっと馬鹿げたことがある。こんなところで彼らは英雄の役割を演じなければならないのに，彼らの本来の役目であったところでは亡霊となっているのだ。彼らは手に剣をとって肉体を殺す。これがきっと正義なのであろう。だが同じ者どもは心を癒す言葉をもっていないのだ。修道院長は軍隊を整列させることを知っていても，人々を宗教に導く方法を知らない。司教は武器と大砲でもって攻撃する仕方に十分に通暁していても，教えたり，奨励したり，慰める段になると語るべき言葉をもたない。彼は投げ槍と飛び道具でもって武装はしていても，聖書〔の言葉〕によっては全く無防備なのである。それでもあるときには償いとか謝礼とかで敬虔な修道院長や善良な司教らに支払われるものは何でも，最後の一文に至るまで配下を使って取り立てる。否，時には支払われるべきものではなくて，好きなだけ取り立てるのだ。そのような者らを平和に対

する愛のゆえに最後まで耐える民らの忍耐に対して主は報いるであろう。だがわたしが恐れているのは，このことのゆえに彼らがもっと厳しい審判者なる神を見いだすようになることである。このような世にある騒動というものは，神が万人に対して怒っているということ以外の何をわたしたちに知らせているのか。だが，卓越した人々も最低の人たちも同様に，聖別された人たちも俗人どもも一緒に，謙った心でもって憐れみ深い主に向かって逃れていく以外にわたしたちに何か残っているのか。この〔ように逃れていく〕ほうが，わたしたちの各々が自分の過失を認めないで他人に投げつけ，神の怒りを激しくさせ，相互の病を癒さないで，むしろいっそう激しく傷つけるよりも，どんなに賢明であることか。民は君主たちに反抗して騒いでおり，君主たちは俗なる者らにも，聖なる者たちにも何ら容赦しないし，群衆は司祭たちをあざけっている[46]。それでもやはり神が民の悪行に怒りを発し，彼らが受けるにふさわしいような支配者を送り込むということが起こるのも稀ではない。今日に至るまで苦情・冷酷さ・口論・暴動をもってしても何ら益するところがない。残っている唯一の手段は，神の憐れみがすべてに与えられるように，わたしたちがみんなで一緒に告白する行為である。

　話の道筋がどこへとわたしを連れ去ったとしても，格言の収集者を自認するわたしがコヘレト（説教者）となり始めたのであろうか。こんなにも分別のある討論に導いたのは，もちろん酔っぱらったアルキビアデスとそのシレノスであった。だが格言の説明に関係のないことが人生の改善に関連していても，学問に貢献しないことが宗教に役立つとしても，

---

46) エラスムス『格言集』II, 7, 76「だれかの前で放屁する」参照。

仕事のために着手された「主題の外にあり，酒神と関係ない」[47]と思われることが生きるべき生活のために利用されたとしても，わたしはこの誤りに対して必ずしも後悔したりしないであろう。

---

47) エラスムス，前掲書，II, 4, 57 参照。

33
「習慣は第二の本性なり」

Usus est altera natura. (IV, 9, 25)

　「習慣は第二の本性なり」との格言に優って人気のあるものはない。〔ところで〕自然本性よりも強力に効果的なものはない。そこで諷刺家は「自然本性は監督や用心よりも強力である」[1]と言う。〔だが〕習慣はこれに等しい力かそれに近い力をもっている。アリストテレスは『弁論術』第1巻で快楽について論じ，自然本性に従って習慣となったものや，自然本性に近いものが快いと教える[2]。というのも自然本性と習慣の間には「いつも」と「しばしば」の間にある差異の他には何もないからである。実際，自然がわたしたちに植え付けたものはいつまでも存続するが，習慣がわたしたちに定着させたものは頻繁に起こる。したがって年少のときからわたしたちがしっかりと最善を選ぶようにと命じた人[3]は，それが習慣付けによって後に快くなるようにと，きわめて気高い助言を授けている。

---

1) ユウェナーリス『諷刺詩』10. 303.
2) アリストテレス『弁論術』I, 11(1369b34ff).
3) アリストテレス『ニコマコス倫理学』II, 1, 7(1103b23-4),『弁論術』I, 11, 4 参照。

34
「人間の一生は寄留である」

Vita hominis peregrinatio（IV, 10, 74）

　「人間の一生は寄留である」。これをソクラテスはプラトンの〔偽作〕『アクイオコス』の中で一般によく知られているものとして引用する。とはいえこの対話編は真正なものではないと考えられる。むしろこの格言はキリスト教徒に由来するように思われる（1 ペテロ 1・17 参照）。プラトンはキリスト教徒を模倣しようとしたのだ。なぜなら聖書の中にはこの人生が故郷を喪失した状態であって，移行と寄留であるという考えにしばしば出会うから[1]。もちろんプラトンが伝えるソクラテスは，人間の魂が天上界から堕ちてきたが，哲学に献身することによって天上界へと帰還しようと備えると述べている[2]。

　1）「寄留」や「寄留者」はアウグスティヌスの『神の国』に頻出する基本概念である。
　2）プラトン『パイドン』70a,ff. 参照。この書で「哲学は死の学びである」と説かれている意味はこの「帰還」を意味する。だが，実際は感性にしたがう生き方をやめて，理性に生きることを説いている。

35
「すべてを知るに優って好ましいものはない」

Nihil dulcius quam omnia scire.（V, 1, 42）

　『アッティクス宛書簡集』の第4巻において「わたしは喜んでいる」で始まる手紙でマルクス・キケロはとてもよく知られているかのように「すべてを悉く知るに優って好ましいものはない」との言葉を挙げている[1]。この詩句[2]はエスティン〔である〕が加えられると，〔すべてを知ることが不可能のゆえに〕明らかに誤ったものとなろう。また直ぐにキケロは付言する，「そういうわけだから，（健闘士競争会の）第一日について，また第二日について，そして監察官，アッピウス，人民のアップレイアについても，好奇心に満ちた人間に対するように，あなたは詳しくわたしに書いてよこしてほしい」と。人はキケロの手紙の中で「すべてについてすべてを」という表現に何度か出会う[3]。

　1）　キケロ『アッティクス宛書簡集』IV, 11, 2.（根本・川崎訳「キケロー選集 13」岩波書店，229 頁参照）。
　2）　メナンドロスの「断片」（作品名不詳）2.
　3）　キケロはこの書簡集で何事もよく知っておかないと判断で誤ることがある，と繰り返し説いている。

付論 I
『戦争は体験しない者に快い』について

Dulce bellum inexpertis. (格言集 IV, 1, 1)

　1515 年の『格言集』に新しく加えられた格言「戦争は体験しない者に快い」という格言は『格言集』のなかでももっとも有名になったものである。このかなり長文の格言はすでに邦訳されているので[1]，ここではその要点のみを紹介しておきたい。

　エラスムスはこの格言について論じた解説部分には彼の平和論が展開し，彼の作品『平和の訴え』とほぼ同じ内容が再論された大論文となっており，しばしば別冊の形でも出版され，ヨーロッパの各国語にも翻訳された。この格言の影響は多くの書物の中で引用されているところを見ても明らかである。たとえばウェゲティウスは『戦争論』の第 3 書第 14 章でこの格言は「いくら戦意に燃えているからといって，新兵にはあまり信頼を寄せてはならない，戦いは，体験しない者にとってのみ快いにすぎないのだから」と引用される。だがこの格言はすでにギリシアの昔から，たとえばピンダロスのように「戦争は，体験しない者には快かろうが，誰でも実際に体験したことのある者なら，戦雲がたちこめると怖気をふ

　1）　エラスムス『戦争は体験しない者にこそ快し』月村辰雄訳，『エラスムス』人類の知的遺産 23，講談社。

付論Ⅰ 『戦争は体験しない者に快い』について

るう」とも語られていたものである。

　エラスムスによると人間の数ある営みには，自分で実地に経験してみないと，どれほどの不幸や災厄をもたらすか知れないのをよく理解できないものがある。たとえばホラティウスは「要路の大人（だいじん）との友達づきあいは，まだ試みたことのない人には羨ましくも思われようが，一度閲（けみ）してみたまえ，身の毛がよだって尻込みするに違いない」[2]と言っている。その他でも，「若い娘に恋慕するのは，甘くかぐわしいことかも知れない。しかしそれは，恋がどれほど苦いかまだ嘗めたことがない者にとっての話だ。危難や不幸をもたらすに決まっているほかの多くの営みについて，なべて同じ筆法で論じることができるのであり，諸事にわたって経験の乏しい若者たち以外には，誰ひとりとしてこうした事柄に手を染めようとはしない」[3]。実際，数多ある営みのうち何かひとつ，ぜひ心ゆくまで遅疑し逡巡してから企ててほしいものを掲げるとするなら，それは無論のこと戦争である。「この戦争以上に残忍で，人に惨禍をもたらし，世にいぎたなくもはびこり，剣呑至極，極悪非道の営みは，つまりキリスト教徒はもとより，誰であれ人間には似つかわしくない行いは，ほかに何ひとつとして存在しない」[4]とある。ところが今日では，至るところでいとも気易く，勝手に口実を設けて，残酷で野蛮な戦争がなされる。しかも異教徒だけでなく，「キリスト教徒までもが，俗人のみならず司祭や司教までもが，戦争を知らぬ若者のみならず幾多の難儀を経た老人までもが，また，その生まれからして付和雷同の性を余儀なくされる卑賤

---

2) ホラティウス『書簡詩』I, 18, 86-87.
3) エラスムス前掲訳書，291頁。
4) エラスムス前掲訳書，292頁。

な民衆のみならず，その民衆の愚かで思慮のたらぬ軽挙妄動を知恵と理性をもって鎮静するのが務めであるべき王公までもが，好んでこの戦争をおこなっている」[5]と語られている。

　そこで彼は人間学的な発想にもとづいてこの傾向に反撃を加えはじめる。そこには先に述べた『平和の訴え』と同じ平和思想が展開する。彼はまず人間の身体的な特質について考察し，自然あるいは神が，わたしたちをこうした姿にお造りになったのは，刃ではなく友情をかわすため，殺し合いではなく助け合いのため，不正ではなく善行を施すためであると説く。つまり神は動物にはそれぞれ武器を与えた。牡牛には角を，ライオンには爪を，猪には牙を，象は分厚い皮膚と図抜けた体躯と長い鼻とを，それぞれ与えた。なかには鳩のように身のこなしを素早くさせて安全を配慮なさったり，反撃するための猛毒の手配までしてくださった動物もいる。

　　ところが，ただひとり人間だけは，弱く，やさしく，武器を持たず，肉はやわらかく皮膚はなめらかに，何ひとつ覆うものもない裸の姿のままにお造りになった。ほかの動物の場合とはうってかわって，──と私は敢えて強調しておきたいのだが，実際，人間の四肢のうちにはどこにも，たとえ仮そめにせよ，争いごとや暴力沙汰の用を便じるように見える部分は存在しないではないか。……それゆえ，人間とはこの地上でただ一種，たがいに助け合えばますますたがいに離れがたくなる，というあの友愛の実現のために生を享ける動物ではないかと思わ

　5）　エラスムス前掲訳書，292 頁。

付論 I 『戦争は体験しない者に快い』について

れる[6]。

　しかも「自然」は, 人々が何ひとつ暴力には訴えなくてもすむように, 人間に対してだけ, 言葉と理性という手段をお恵みくださり, 孤独を嫌い仲間を好むという性向をお備えくださった。実際, 友人よりも心地よい存在はないし, 友人ほど不可欠の存在もない。だから人間の心持ちを棄て去って, 身を野獣の境涯に貶めないかぎり, 仲間がいなければわたしたちは何ひとつ喜びを感じられない。

　ところが現実はどうであろうか。人間の実際の姿は獣以下である。ライオン, 豹, 狼, 虎などでさえ, 戦っても自分たち同士では牙をむかない。「犬は犬の肉を喰わないものだ。ライオンもライオンを相手には飛びかからぬものだ。蛇もまた仲間の蛇とは平和に暮してゆくものだ。猛毒の獣同士といえども仲よくやっている。しかるに人間に相対しては, いかに獰猛な獣でも色を失う。人間にとって, 人間以上に剣呑な代物はありえないのである」[7]。戦いのありさまを見ても, 動物は戦っても, 自分の体を生得の武器として戦うだけなのに, 人間は人間に危害を加えるさいには, 自然の理法に反して, 悪魔の知恵に発する術策を弄する。

　その終わりのところでエラスムスはトルコ人に対する戦争にも言及する[8]。トルコ人が1520年代の後半に西方に進出してくるまで, トルコ人に対する戦争は, 想像力を使ってお喋

---

　6) エラスムス前掲訳書, 294頁。この「欠陥動物」としての人間観はその後, ヘルダーを経て, ゲーレンに伝わっている（金子晴勇『ヨーロッパ人間学の歴史』知泉書館, 348頁以下参照）。
　7) エラスムス前掲訳書, 299頁。
　8) エラスムス前掲訳書, 337頁以下。

りするのは当時好まれた気晴らしの素材であった。エラスムスはそれに疑惑の目を向けた。彼の考えによると，問題はキリスト教徒の帝国主義であり，かの地の住民の大部分がキリスト教徒であるか，あるいは半ばキリスト教徒であるということが考慮されていないという。だからドミニコ会士やフランシスコ会士に彼らを改宗させるべきであると主張し，エラスムスは戦争を思い止まるよう厳しく勧告する。戦争というようなやり方で身を守らなければならないのなら，キリスト教の立場はなくなってしまう。この連関でエラスムスは，キリスト教徒と非キリスト教徒の境界が曖昧になってしまうような，注目すべき所見を述べている。

> 私たちがトルコ人と呼んでいる人々の大部分は，半ばキリスト教徒と称してもよく，あるいはむしろ，わたしたちの大部分以上に，真の意味でのキリスト教のそば近くに位置するかも知れない[9]。

境界は両側から越えられている。ここで重要な役割を担っているのは全世界における人類の一致である。ルネサンス期には，このような考え方にわたしたちは繰り返し出会う。つまり世界は互いに関係のない個々人から構成されているのではないという確信である[10]。

---

[9] エラスムス前掲訳書，340頁。

[10] 古代に対するエラスムスの関心と調和するかたちで，彼を魅了したのは時代を越えた人類の一致である。この考え方も境界を越えることを意味している。古代の偉大な人々が，どうしてそのように素晴らしいことを言うことができたのかとエラスムスは問う。彼は『パラクレーシス』で，文字どおり次のように書いている。「異教徒の書物のなかに，わたしたちはキリストの教えと一致する非常に多くのものを見付けることができます」

付論 II
『痴愚神礼賛』と格言

　エラスムスの代表作『痴愚神礼賛』にはきわめて特徴的な著述方法が明らかに認められる。それが格言によるエラスムスの叙述方法である点をわたしは指摘しておきたい。

　『痴愚神礼賛』には約 24,500 語の痴愚神が発する言葉の中に 285 個の格言的な表現がちりばめられている。そうすると平均して 85 語に一つの割合で格言が登場することになる[1]。序章で痴愚神は，自分が世の中では疎まれていてもどれだけ自己礼賛に値するか，世の中の人々，特に知識ある者たちがいかに自分への礼を失っているかについて語る。そして，それを論証するため最後の「結び」まで即興で語り続ける。その際，エラスムスの人文主義的精神は『痴愚神礼賛』の叙述ではギリシア・ローマの格言を用いて，現実と古くて善い伝統とを対置させる場合に顕著に現れてくる。それは，ドルピウス宛の書簡で述べられた次のような発言からも明らかであろう。

　　さらに，その昔，もっとも健全な処世の規則を，見かけ

（LB V 141F）と。

　1）　C. H. Miller, The Logic and Rhetoric of Proverbs in Erasmus's Praise of folly,in:R. L. DeMolen, Esseys on the Works of Erasmus, 1978, p.84.

は笑うべきで子供じみている寓意で述べるほうを好んだ最高の賢人たちによっても、このことが軽視されることはありませんでした、なぜなら、それ自体ではどちらかというと厳しい現実も、欲望の魅力に誘われるといっそう容易に人々の心のうちに染み通るからです。疑いもなく、これはルクレティウス〔エピクロス主義の詩人〕の家で子供たちの治療にあたる医者たちがニガヨモギのコップに塗りつけたあの蜂蜜なのです。そして古えのあの君主たちは、彼らの宮廷にこの種の知恵足らずをひきいれては、彼らの自由なお喋りによってだれも傷つけずにいくつかの軽い誤りを明るみに出して矯正するのに彼らをもっぱら役だてたのでした[2]。

　『痴愚神礼賛』がもっとも多くの人々に受け入れられたのは、格言を通して語られた痴愚神のことばのなかに人生に共通する知恵が隠されているからではなかろうか。エラスムスは人間の普遍性を痴愚のなかに見出した。さらに彼は「格言」とキリストの「譬え話」に共通点を認めている。しかし人間の警句と神と呼ばれた人の譬えのどこに類似性を見いだせばよいのだろうか。その答えは、一見他愛のない、ばかばかしいものにみえても、その奥に隠された意味を秘めているという点に求めることができる。キリストは民衆がわかりやすく理解できるよう、譬えを用いて神秘的な事柄を語った。これによって文字の殻を破って、霊的な意味に達することが勧められていたのであるが、エラスムスも格言を使って人生

　2）　エラスムス『痴愚神礼賛』大出晃訳，慶応義塾大学出版会，2004年，217-18頁．この点で痴愚はシェイクスピアの道化（fool）たとえばフォルスタッフの役割と似ている。

付論 II 『痴愚神礼賛』と格言

における訓戒を述べている。

　そこでわたしたちは『痴愚神礼讃』の中で明瞭に自覚して用いられている格言「アルキビアデスのシレノス」(Sileni Alcibides)[3] を取りあげてみよう。これは修辞学的な慣用句であるが、この作品を解き明かす鍵を与えてくれる。そこには逆説的な方法、つまりパラドックス（para-doxa=人々の意見に逆らう）による叙述が展開する。それによって語られたことが単に裏返して理解されるといった単純なものではなく、語られた外面と意味する内面とが逆説的に対応する関係にある点が示される[4]。

　この格言はエラスムスの時代批判の方法となった代表的なものである。彼はこの格言を使って、ギリシア人が醜いシレノスの像を開いてみると、そこに黄金の神像を見いだすという、人間の外見からはうかがえない内面の真の姿を力説した。最初に出版された『格言選集』では格言にほんの僅かな注釈が付けられていたが、1515 年のフローベン書店刊行の新版になると、3411 の格言を収め、社会批判の色合いが濃いエッセーが数多く登場する。その中でエラスムスは「アルキビアデスのシレノス」を教会批判への武器として最大限に活用した。これによってスコトゥス派の精妙な議論よりもキリストの教えに潜む英知を聖書から直接把握すべきであると語られた。現実を観察すると、この世の事柄には多くの相反する二面性がある。生と死、美と醜、富と貧困、無名と名声

---

　3) 本書 143 頁以下参照。
　4) 「逆対応」というのはクザーヌスが説いた「反対の一致」と同じ関係を指し、パウロは「罪の増すところに恵みはいや増せり」（ローマ 5.20）と言い、ルターはキリストと魂との一致を清い花婿と卑しい花嫁との結婚として説いた。それは正反対なるがゆえに強烈に統合する作用を指し、親鸞の悪人正機説も同じ論理である。

など例を挙げれば数限りないが、シレノスの箱を開けたときこれらが全て逆転してしまうのだ[5]。彼は次のように言う。

> もし人々が物事の判断によって確かめられるあの賢慮の方をお好みならば、この賢慮という名称に自惚れている人たちは、賢慮からどんなにかけ離れておりますことか、どうかお聞きくださいませ。はじめに、アルキビアデスの〈シレノスの箱〉のように、人間的な事柄はすべておたがいにたいへん異なる二面をもちますことが認められております。それは、まず、表は死であるものが、あなたが内側からよくご覧になれば、生である、つまり、生あるものの反対は死なのでございます。形の整っているものの反対は歪み、富裕の反対は貧困、悪評の反対は好評でございます、博学の逆は無学、頑健の逆は病弱、目立つものの逆は目立たぬもの、歓びの逆は悲しみですし、好意的の反対は敵対的、友好的の逆は非友好的、健康的の反対は病的です、簡単に申せば、もしあなたがシレノスの箱をお開きになれば、すべてがたちまち逆転されるのを再発見されることでありましょう[6]。

---

5) プラトンの『饗宴』に登場するアルキビアデスはソクラテスを彫像屋の店頭に並ぶシレノス像に喩えた。この像は左右に開く作りになっており、その中には神の像が隠されていた。ソクラテスは精神の不死を信じていたので、肉体を去る死を恐れなかった。そしてワインを飲むように毒杯を仰いだのである。この種のシレノス像をもつ者にディオゲネスがいる。彼は犬のように暮らし陽の光だけで満足した。アレキサンダー大王に「何がほしいのだ」と尋ねられても何も求めなかった。

6) エラスムス『痴愚神礼賛』大出晃訳、慶応義塾大学出版会、2004年、63頁。

付論 II 『痴愚神礼賛』と格言

　しかし誰よりもこのシレノス像をもっている人物はプラトンが説いたソクラテスではなく，キリストである。キリストは自ら貧しくなり謙遜に社会的地位の最下層に身を置いた。貴族の宮殿からでもファリサイ派の指導者からでも，哲学者たちの講堂からでもなく，収税人の仕事場から，漁師たちが網を張るところから弟子を得た。彼はこの世のおろかさに身をおいた。そして，その十字架に至る道は何と肉体的快楽から遠ざかっていたことだろう。嘲られ，唾を吹きかけられ，拷問されたキリストを預言者イザヤの書第 53 章は救い主として預言した。キリストに優ってシレノスである存在はない。彼は愚かさの極みにおいて神的な知恵を隠し持っている。

あ と が き

　ここに訳出したエラスムスの『格言選集』は彼の『格言集』から抜粋して訳したものです。『格言集』は彼の多数の作品の中でももっとも大きな作品であって，とてもすべてを訳すことはできません。というのも何度かの改訂と増補とを重ねた結果，4151個の格言を収録しているからです。「格言集」というと日本にも辞書のような大きな解説書がありますが，エラスムスの「格言」というのは，一般に考えられている「諺」ではなく，ギリシア・ローマの「名言集」もしくは「修辞学的な表現集」となっており，しかもそれを解説したエラスムスの思想が展開するという独特な作品となっています。つまり格言の「解説」といっても，単なるその字義的な「説明」ではなく，ギリシア・ローマの文献を渉猟して一つ一つの格言の使われ方を吟味し，正しい意味を捉えようとしたものです。どの一つをとってもわたしたちは彼の豊かな学識に驚嘆せざるをえません。その中でも本書に含まれている格言「ゆっくり急げ」と「アルキビアデスのシレノス」のように，解説が一大論文となり，彼の人文主義の思想が詳しく述べられたものもあります。実は，このような一見すると詳しすぎる解説の中にこそ，彼の『格言集』がもっている魅力の一つがあると思われます。たとえば「ゆっくり急げ」では人生における適切な行動の仕方が懇切丁寧に，しかも歴史的で未知の事例を多く挙げて，詳説されており，「アルキビアデスのシレノス」では人間の外見と中身がいかに食い違って転倒しているかを詳論し，その上でエラスムスが得意とする

あとがき

時代批判が延々と展開しています。

　この『格言集』は出版された当初から一般社会に歓迎され、もっとも多くの読者を獲得してきましたが、まとまった思想的な叙述は期待できないと見なされて、現在ではあまり顧みられなくなりました。だが、そこには歴史的な事実の的確な理解が卓上談話のように多く表明されていますので、エラスムスを理解する上で決して無視できない作品となっています。またここに使われているラテン語も、一般に使われている通俗的なものではなく、立派な古典的なものであり、その難解さに困難を覚えない人はいないでしょう。さらにギリシア語の文献からの多数の引用はすべてギリシア語でなされておりますが、エラスムスはそれに自分のラテン訳を逐一付けていますので、そのおかげで難解な引用文を理解するのが大いに助けられました。

　わたしは定年を迎えたとき、友人や知人と一緒にエラスムスを読む読書会を立ち上げました。集まった人たちの提案によって『格言集』を読んでみようということになりました。当初からエラスムスのラテン語の難解さにみんな驚き、続けられなくなって脱落した仲間も出ましたが、それでも二年半続いた読書会で読んだものを訳出してみることにしました。だが、それだけでは一冊の本にするのには足りないので、先に掲げた二つの長文からなる格言をも追加しました。

　エラスムスの青年時代にイギリスで彼と出会った「友人たちは、彼の学問、ゆとり、人間としての常識や笑い声によって魅せられた」といわれていますが、彼が青年時代以来一貫して積み上げてきた『格言集』が今日においてもその魅力を発揮し、「人文主義の王者」と呼ばれた彼のこの書が人文学を愛好する日本の読者たちによっても歓迎されますように

一　あ と が き

願っています。

　出版に際してはいつもお世話になっている知泉書館に，あまり売れそうもないので申し訳ないとは思いながらも，お願いすることにしました。出版を快く引き受けてくださった小山光夫社長に衷心より感謝申し上げます。

　2015 年 7 月 26 日

金　子　晴　勇

テキストと現代語訳

1) Adagiorum Chilias Prima~Quatra, in: Opera omnia Desiderii Erasmi Roterodami recognita et adnotatione critica instructa notlisque illustrata, II, 1~4, Amsterdam, 1969ff. = ASD
2) Adagiorum Chiliades (Adagia Selecta), in: Erasmus von Rotterdam, Ausgewählte Schriften, Bd.7, 1972.
3) Adages, vol. 31~34, in: The Collected Works of Erasmus, Toronto, 1989ff. = CWE
4) The Adages Erasmus, Selected by W. Barker, 2001.

エラスムス略年譜

1469（66）年 10 月 27 あるいは 28 日　オランダ・ロッテルダムで司祭ロトゲル・ゲラルドと医師の娘の間に正式でない婚姻によって二人の子どもの次男として生まれる。ゴーダの学校に入り，その後「新しい敬虔」運動に立つデヴェンターの聖レブイヌス参事会の学校に通う。

1483 年　両親を相次いで失う。

1486 から 88 年の間　ステインのアウグスティヌス修道会の修道院に入る。

1492 年 4 月 25 日　司祭に叙階される。その後カンプレイ司教の秘書として仕えるためにパリに向かう。

1495 年秋　パリ大学に学ぶ。

1496 年　この頃より自らデシデリウスと称した。

1498 年　モンジョイ侯ウイリアム・ブラウントの家庭教師となり，その随行員としてイギリスに渡る。

1499 年〜 1500 年　イギリスに滞在，トマス・モアやジョン・コレットなどと知り合いになり，人文学と聖書とキリスト教の教父にもとづく神学をはじめて知る。特に重要であったのはヴァッラの『新約聖書注解』との出会いで，それを出版する。

1500 年　『格言選集』（初版）

1504 年　『エンキリディオン』（＝『キリスト教戦士の手引き』）

1506 - 09 年　イタリア滞在（同年 9 月 4 日トリノ大学から神学博士号を授与される。

1508 年　『格言集』新版。

1509 - 14 年　イギリス滞在。11 年，トマス・モアの館で『痴愚神礼賛』を書く。

1514 年　バーゼルに移り住み，アウグスト・フローベンを知り，彼の書房を自分の著作の印刷・出版元とする。この頃『ユリウス天国から締め出される』の手書き本が無名の形で出回る。

エラスムス略年譜

1515 年　『格言集』増補版。それ以降ネーデルランドに滞在。
1516 年　バーゼルで『校訂新約聖書』(その中に『新約聖書序文』と『ギリシア語・ラテン語訳対照新約聖書』および『注解書』が含まれる),『キリスト者君主の教育』を刊行。
1517 年　『平和の訴え』
1518 年　『対話集』と『真の神学の方法』を出版,それ以後加筆修正する。
1520 年　『反蛮族論』の一部を出版。
1521 年　秋にルーヴァンからバーゼルに帰る。
1524 年　ルターの奴隷意志への反論として『評論,自由意志』を発表。
1528 年　『キケロ主義者』
1529 年　混乱を避け,ドイツ・フライブルクに避難。
1535 年　5 月に再びバーゼルに帰る。
1536 年　7 月 12 日,バーゼルのフローペンの家で死去。

金子 晴勇（かねこ・はるお）

昭和7年静岡県に生まれる。昭和37年京都大学大学院文学研究科博士課程修了。聖学院大学総合研究所名誉教授，岡山大学名誉教授，文学博士（京都大学）
〔主要業績〕『霊性の人間学』『キリスト教文化のかたち―その思想と行動様式を学ぼう』『ヨーロッパ思想史入門―歴史を学ばないものには未来はない』『マックス・シェーラー　思想の核心』『対話と共生思想』『人間学入門―自己とは何か?』『「自由」の思想史―その人間学的な考察』『現代の哲学的人間学』『キリスト教人間学』『ヨーロッパ人間学の歴史』『現代ヨーロッパの人間学』『ヨーロッパの人間像』『愛の思想史』『エラスムスの人間学』『アウグスティヌスの知恵』『アウグスティヌスの恩恵論』，『宗教改革の認識とは何か―ルター『ローマ書講義』を読む』，ルター『後期スコラ神学批判文書集』，ルター『生と死の講話』『ルターの知的遺産』『エラスムス「格言選集」』，エラスムス『対話集』，グレトゥイゼン『哲学的人間学』，(以上，知泉書館),『ルターの人間学』『アウグスティヌスの人間学』『ルターとドイツ神秘主義』『マックス・シェーラーの人間学』（以上，創文社），『宗教改革の精神』（講談社学術文庫），『アウグスティヌス「神の国」を読む―その構想と神学』（教文館）ほか。

〔エラスムス『格言選集』〕　　　　　　　ISBN978-4-86285-216-8

2015年 9月15日　第1刷発行
2025年12月10日　第2刷発行

編　訳	金　子　晴　勇
発行者	小　山　光　夫
製　版	ジ　ャ　ッ　ト

発行所　〒113-0033 東京都文京区本郷1-13-2
　　　　電話03(3814)6161 振替00120-6-117170
　　　　http://www.chisen.co.jp
　　　　株式会社　知泉書館

Printed in Japan　　　　　　　　　　印刷・製本／藤原印刷

エラスムスの人間学　キリスト教人文主義の巨匠
金子晴勇　　　　　　　　　　　　　　　　　　　　　　菊/312p/5000円

対 話 集
D. エラスムス／金子晴勇訳　　　　［知泉学術叢書8］　新書/456p/5000円

エラスムスの思想世界　可謬性・規律・改善可能性
河野雄一　　　　　　　　　　　　　　　　　　　　　　菊/240p/4000円

キリスト教文化のかたち　その思想と行動様式を学ぼう
金子晴勇　　　　　　　　　　　　　　　　　　　　　　四六/238p/2300円

キリスト教人間学　ヨーロッパ思想と文化を再考す
金子晴勇　　　　　　　　　　　　　　　　　　　　　　新書/640p/5000円

アウグスティヌスの知恵　（ラテン語原文・解説付）
金子晴勇　　　　　　　　　　　　　　　　　　　　　　四六/164p/2200円

アウグスティヌスとその時代
金子晴勇　　　　　　　　　　　　　　　　　　　　　　菊/302p/4200円

アウグスティヌスの恩恵論
金子晴勇　　　　　　　　　　　　　　　　　　　　　　菊/354p/5600円

宗教改革的認識とは何か　ルター『ローマ書講義』を読む
金子晴勇　　　　　　　　　　　　　　　　　　　　　　四六/340p/3500円

ルターの知的遺産　（ラテン語原文・解説付）
金子晴勇　　　　　　　　　　　　　　　　　　　　　　四六/168p/2200円

生と死の講話
M. ルター／金子晴勇訳　　　　　　　　　　　　　　　四六/244p/2800円

後期スコラ神学批判文書集
M. ルター／金子晴勇訳　　　　　［知泉学術叢書6］　新書/402p/5000円

キリスト教と古典文化　アウグストゥスからアウグスティヌスに至る思想と活動の研究
C.N. コックレン／金子晴勇訳　　　［知泉学術叢書1］　新書/926p/7200円

霊性の人間学
金子晴勇　　　　　　　　　　　　　　　　　　　　　　四六/232p/2600円

ヨーロッパ思想史入門　歴史を学ばない者に未来はない
金子晴勇　　　　　　　　　　　　　　　　　　　　　　四六/276p/2300円

(本体価格、税抜表示)